슬로바키아는 유럽의 심장부에 위치하여 지정학적으로 그리고 문화적으로 큰 의미를 갖는 국가입니다.

슬로바키아가 갖는 천혜 비경과 지난 역사를 고스란히 담고 있는 보고인 건축물과 슬로바키아인들의 정서와 전통을 이어온 다채로운 민속문화예술은 여행자들로 하여금 시간이 그대로 멈추어 버린 중세의 어느 한 도시에 와 있는 듯한 고즈넉하고 신비로운 분위기와 편안함을 느끼게 합니다. 이러한 아름다운 나라인 슬로바키아를 여행하거나 일정기간 체류하고자 하는 이들에게 기본적인 의사소통은 필수입니다. 이 책은 미지의 나라에 대한 설렘과 언어 소통과 관련한 불편함을 최소화하고 다양한 상황에 대처하여 활용할 수 있는 적절한 의사 표현을 소개하고 있습니다. 따라서 현지 여행과 체류의 묘미와 즐거움을 배가시킬 수 있을 것입니다.

단순하면서도 유익한 문장 표현들과 더불어 권말에는 필수 어휘 사전을 함께 수록하여 편리하고도 생생한 의사소통을 위한 원활함을 도모하였습니다. 모든 표현과 어휘에 한글 발음을 표기하였으며, 한국어에는 존재하지 않는 몇몇 발음도 원어 발음에 가장 유사한 한글로 표기해 놓음으로써 슬로바키아를 여

행하며 화려한 풍광과 함께 그들의 말소리를 구사하는 즐거움
도 느낄 수 있도록 고려하였습니다.
　슬로바키아 여행, 슬로바키아 문화와 정서에 대한 호기심과
낭만을 제공하는 의사소통 길잡이를 통해 더욱더 기억에 남고
깊이 있는 체험으로 느껴보시길 바랍니다.

　이 책의 생생한 회화 표현들이 슬로바키아에서의 여행이나
생활, 체류가 즐거운 기억이 될 수 있는 데 일조하는 계기가 되
기를 바라며, 아울러 슬로바키아어에 대한 언어 수요의 확대에
즈음하여 이 언어를 흥미있게 그리고 실용적으로 접하고자 하
는 이들에게도 유용한 지침서가 되기를 바랍니다.

김은해

본서의 특징

- 이 책은 슬로바키아를 여행하는 동안 발생할 수 있는 다양한 상황에 대처할 수 있도록 유용한 표현을 수록하였습니다.
- 슬로바키아어 발음에 익숙하지 않은 초보자가 부담과 어려움 없이 의사소통할 수 있도록 모든 단어를 원음에 가장 가깝게 표기하도록 고려하였습니다.
- 슬로바키아인의 정확한 발음으로 회화 내용을 녹음하여 수록함으로써, 생생한 슬로바키아어 회화를 접하실 수 있도록 하였습니다.
- 부록으로 한-슬 기본 단어와 본문 각 장마다 관련 어휘를 수록하여 다양한 응용표현이 가능하도록 하였습니다.
- 슬로바키아어의 기본 문법을 권말에 수록함으로써, 문장구조에 대한 이해를 돕고, 필수적인 기본 표현들을 보충하는 내용을 알기 쉽게 부연설명하였습니다.
- 회화 내용들에서 명사, 형용사 그리고 동사의 남성·여성 구별을 위해 여성형을 /나 괄호 안에 표기하였고, 권말 부록 기본단어 동사의 경우 화살표 〈가 향하는 쪽이 완료상 동사를 의미합니다.
- 형용사의 경우 남성 단수 어미만 표기하였으므로, 여성, 중성, 혹은 복수 어미의 경우는 기본 문법편의 설명을 참조하시기 바랍니다. 의문사가 없는 구조의 의문문의 경우 문미 억양을 높여 말씀하시면 됩니다.
- 슬로바키아 여행이 보다 더 편안하고 유익할 수 있도록 각 장마다 슬로바키아의 문화, 사회, 혹은 현지 사정을 이해하는 데 도움이 될 만한 정보를 수록하였습니다

차례

식사   141

관광 · 레저 · 스포츠   169

쇼핑하기   191

슬로바키아어 발음의 개요

슬로바키아어는 서슬라브어에 속하며 라틴문자를 사용하고 영어나 프랑스어에 비해 읽고 발음하기는 비교적 쉬운 편입니다. 단자음 l, r과 장자음 ĺ, ŕ 그리고 모음의 장단 구별이 있으며, 언어 유형적으로는 굴절어의 특성을 가지고 있어 곡용과 활용이 전반적으로 나타납니다.

Slovenská abeceda (슬로바키아어 알파벳)

A, a [아]	I, i [이]	Ŕ, ŕ [에르:]
Á, á [아:]	Í, í [이:]	S, s [에쓰]
Ä, ä [애]	J, j [예]	Š, š [에슈]
B, b [베]	K, k [까]	T, t [떼]
C, c [쩨]	L, l [엘]	Ť, ť [떼]
Č, č [췌]	Ĺ, ĺ [엘:]	U, u [우]
D, d [데]	Ľ, ľ [엘류]	Ú, ú [우:]
Ď, ď [데]	M, m [엠]	V, v [베]
DZ, dz [드제]	N, n [엔]	W, w [드보이떼 베]
DŽ, dž [드줴]	Ň, ň [엔뉘]	X, x [익쓰]
E, e [에]	O, o [오]	Y, y [입씰론]
É, é [에:]	Ó, ó [오:]	Ý, ý [이:]
F, f [에프]	Ô, ô [우오]	Z, z [젯]
G, g [게]	P, p [뻬]	Ž, ž [줴]
H, h [하]	Q, q [끄베]	
CH, ch [하]	R, r [에르]	

c [쩨] cukor [쭈꼬르] 설탕, cesnak [쩨스낙] 마늘, bicykel [비찌껠] 자전거 (영어의 beats, rights 등에서의 'ts' 발음에 유사합니다.)

č [췌] číslo [취슬로] 번호, 숫자, darček [다르췍] 선물, mačka [마츄까] 고양이 (영어의 choose, chew에서의 'ch' 발음에 유사합니다.)

ď [뎨] ďalší [댤쉬] 다음의 (영어의 during, deuce 등의 'd' 발음과 유사합니다)

dz [드제] medzi [메드지] ~사이에, hrdza [흐르드자] 녹 (영어의 beds, boards 등의 'ds' 발음에 유사합니다.)

dž [드줴] džbán [드쥬반:] 물병, 항아리, džavot [드좌봇] 재잘거림, 수다 (영어의 jam에서의 'j' 발음에 유사합니다.)

ch [하] chlieb [흘뤼엡] 빵, chlapček [흘랍췍] 소년 (무성음이며, 스코틀랜드어 loch의 'ch' 발음에 유사합니다. 슬로바키아어에서 자음 h는 유성음입니다.)

j [예] jazero [야제로] 호수, vojna [보이나] 전쟁, 군대 (반모음이며, 영어의 yet, yogurt의 'y' 발음에 유사합니다.)

k [까] káva [까:바] 커피, kniha [끄뉘하] 책, kuchár [꾸하:르] 요리사

ĺ [엘:] stĺp [스뜰:쁘] 기둥, 전봇대, vĺča [블:촤] 아기늑대 (영어의 해당 발음은 없으며, 단자음 l을 두 배 정도 길게

발음하는 장자음(長子音)입니다. 반모음, 즉 semi-vowel로서 음절형성 기능이 있습니다.)

ľ [엘뤼]　veľmi [벨미] 매우, 아주, chvíľa [흐빌라] 잠시, 순간, ľad [라뜨] 얼음. 혀끝을 입천장의 경구개 부분에 대고 내는 소리입니다. 영어 colliery [kɑ́ljəri]의 'lli' 발음과 유사합니다.

ň [엔뉘]　oheň [오헨느] 불, kameň [까멘느] 돌 (영어의 opinion, onion의 'n' 발음에 유사합니다.)

p [뻬]　pán [빤] ~씨, ~님, pivo [삐보] 맥주, pošta [뽀쓔따] 우체국

r [에르]　ruka [루까] 손, 팔, dobre [도브레] 좋게, 잘, ryba [리바] 생선, 물고기 (혀끝을 치아의 뿌리부분 반대편에서 진동하여 내는 소리입니다)

ŕ [에르:]　vŕtať [브르:따뛔] ~을 파다, kŕmiť [끄르:미뛔] ~을 먹이다 (영어에는 해당 발음이 없으며, 위의 r를 두 배정도 길게 발음하는 장자음입니다. 반모음, 즉 semi-vowel로서 음절형성 기능이 있습니다.)

š [에슈]　škola [슈꼴라] 학교, duša [두샤] 정신, 영혼 (영어의 shine, flash 등에서의 'sh' 발음에 유사합니다.)

t [떼]　teraz [떼라쓰] 지금, tam [땀] 저기에, 저곳에, tanier [따뉘에르] 접시

ť [떼]　ťava [땨바] 낙타, dosť [도스뛔] 충분하게, 충분히 (영어의 neptune, tuna 등에서의 't' 발음에 유사합니다.)

v [베]　voda [보다] 물, víno [비:노] 포도주, 와인, vietor [비에

또르] 바람. 그러나 자음 v가 단어의 중간에서 다른 무성
자음에 선행하거나 어말에 위치하는 경우 [u]에 흡사하
게 발음합니다. polievka [뽈리에우까] 스프, 국, spev
[스뻬우] 노래

ž [줴]   ruža [루좌] 장미, život [쥐봇] 인생, 삶 (영어의
treasure, division 등에서의 's' 발음에 유사합니
다.)

q, w, x는 외래어에서 차용된 어휘들에서만 나타나며, w의 발음
은 v와 동일하지만 표기상의 차이만 있을 뿐입니다.
kvalita [끄발리따] (품)질, kvarteto [끄바르떼또] 4중주
whisky [비스끼] 위스키, wistéria [비스떼:리아] 등나무
existencia [엑씨쓰뗀찌아] 존재

슬로바키아어의 모음 (Samohlásky; Vokály)

슬로바키아어의 모음은 무엇보다도 장·단의 구별이 있는 것이 특
징적이며 모음의 장·단에 의해 어휘의 의미적 차이가 나타나기도
합니다.

단모음 (Krátke samohlásky)	장모음 (Dlhé samohlásky)
a [아] rad [라뜨] 줄, 열 ahoj [아호이] 안녕! mama [마마] 엄마	á [아:] rád [라:뜨] 좋아하는 káva [까:바] 커피 áno [아:노] 네, 그렇습니다. Slovák [슬로박:] 슬로바키아인
e [에] cesta [쩨스따] 여행, 길 meno [메노] 이름 Slovenka [슬로벵까] 슬로바키아여자	é [에:] malé [말레:] 작은 dobré [도브레:] 좋은 torpédo [또르뻬도] 수뢰, 어뢰
i [이] pivo [삐보] 맥주 pani [빠뉘] 부인, 여사	í [이:] patrí [빠뜨리:] ~에 속하다 tisíc [뛰씨쯔] 천 (1,000)
o [오] dom [돔] 집 slovo [슬로보] 단어, 어휘 soľ [솔르] 소금	ó [오:] móda [모:다] 모드, 유행 Kórejec[꼬:레예쯔] = Kórejčan[꼬레:이촨] 한국인 Kórejka[꼬:레이까]= Kórejčanka [꼬:레이촹까] 한국여자
u [우] utorok [우또록] 화요일	ú [우:] dúha [두:하] 무지개
y [이] syr [씨르] 치즈	ý [이:] dobrý [도브리:] 좋은
ä [에] mäso [메쏘] 고기 päť [뻿뛰] 다섯, 오	Ø

슬로바키아어의 단모음 중 e와 ä는 표기만 다를 뿐 실질적인 발음은 같아서 영어의 set와 leg 등에서 나타나는 e처럼 발음하면 됩니다.

슬로바키아어에서 나타나는 이중모음은 다음과 같습니다.

ia [이아] - viac [비아쯔] 더 많이, piatok [뼤아똑] 금요일, maliar [말리아르] 화가
ie [이에] - šťastie [쓔땨스뛰에] 행운, 행복, 복 dieťa [뒤에땨] 어린이, 아이, námestie [나:메스띠에] 광장, ovocie [오보찌에] 과일
iu [이우] - cudziu [쭈지우] 외국의, rybiu [리비우] 생선의
ô [우오] - stôl [스뚜올] 탁자, 책상, dôkaz [두오까스] 증거

특수발음표시기호 (Diakritické znamienky)

슬로바키아어에서는 라틴문자가 사용되기는 하지만, 몇 개의 특수 발음 표시 기호들이 나타납니다.

˘ (mäkčeň; 멕췐느) 연음표시기호

자음 위에 나타나는 이 표시기호는 해당 자음이 연음이며 구개음이라는 것을 나타냅니다 (ť, ď, ň…)

´ (dĺžeň; 들줴 엔느) 장음(長音)표시기호

자음이나 모음 위에 나타나는 이 표시기호는 해당 자음이나 모음이 장음이라는 것을 나타냅니다. (ĺ, ŕ, á, é…)

¨ (dve bodky; 드베 보뜨끼) 움라우트, 변모음표시 기호

원래 슬로바키아어의 ä는 영어의 bad에서 나타나는 모음 [æ]처럼 발음되었지만, 현대 슬로바키아어에서는 leg의 모음 [e]처럼 발음됩니다.

ˆ (vokáň; 보깐느) 곡절악센트 표시기호

슬로바키아어에서 이 기호는 이중 모음 ô에서만 나타납니다.
발음은 [uo]로 합니다.

모음 i, í 와 y, ý는 각각 소리가 같습니다

다만, 이러한 모음들에 선행(先行)하는 자음들의 성격만 달리합니다.

연자음 (soft consonants; mäkké spoluhlásky) + i č, š, ž, c, j, ď, ť, ň, ľ, dz, dž
경자음 (hard consonants; tvrdé spoluhlásky) + y h, ch, k, l, g, d, t, n
중성자음 (neutral consonants; neutrálne spoluhlásky) + i, y b, f, m, p, r, s, v, z

경자음과 연자음은 격 변화시 대부분 각기 다른 형태를 보이기 때문에
이러한 구별은 매우 중요합니다.

ď, ť, ň, ľ 에 i, í, e 와 같은 모음이 후행(後行)하는 경우

이 경우에는 ď, ť, ň, ľ 위의 연음표시기호가 표기상으로는 나타나지
않지만, 발음 시에는 그대로 연자음, 구개음으로 발음됩니다.

표 기	발 음
di, ti, ni, li	[ďi], [ťi], [ňi], [ľi]
dí, tí, ní, lí	[ďi:], [ťi:], [ňi:], [ľi:]
de, te, ne, le	[ďe], [ťe], [ňe], [ľe]

hodina [hoďina 호뒤나] 시 (時)
rodina [roďina 로뒤나] 가족, 식구
telo [ťelo 뗄로] 몸, 신체
dejiny [ďejiny 데이니] 역사

그러나 위에 제시된 규칙과는 달리, 현대 슬로바키아어 구어체에서는 li, lí, le의 경우 구개음화 없이 단순한 l로써 표기된 대로 [li], [li:], [le]로 발음됩니다.

이와 같은 발음 규칙에 예외적인 어휘들은 다음과 같습니다.
ten [뗀] 그, jeden [예덴] 하나, 일, teda [떼다] 그러니까, 그러므로, teraz [떼라스] 지금, odísť [오디:스뛔] 떠나다 등은 구개음화 없이 경자음으로 발음됩니다.

다음의 경자음들과 비교하면 발음상의 차이를 보다 더 쉽게 이해할 수 있습니다.
dy, ty, ny, ly ; dý, tý, ný, lý; de, te, ne, le

슬로바키아어의 유성자음과 무성자음 (Znelé a neznelé spoluhlásky)

유성자음 (voiced; znelé spoluhlásky)
b, d, ď, dz, dž, g, h, v, z, ž
무성자음 (voiceless; neznelé spoluhlásky)
p, t, ť, c, č, k, ch, f, s, š

자음 j, l, ľ, m, n, ň, r 역시 유성음이나 해당 무성자음이 존재하지 않습니다.

슬로바키아어의 동화현상과 어말 무성화 (Asimilácia a strata znelosti na konci slova)

슬로바키아어에서 유성자음으로 끝나는 단어는 발음 시 무성음화 되며, 단어 내에 자음군이 있는 경우 이웃하는 자음의 영향을 받아 동화현상 (asimilácia)을 일으킵니다. 슬로바키아어에서는 뒷자음 이 앞자음에 영향을 미치는 역행동화 (regresívna asimilácia)가 대 부분입니다.

otázka [ota:ska 오따스까] 질문
odpoveď [otpoveť 오뜨뽀베뛰] 대답, 답변
včela [fčela, 프첼라] (꿀)벌
krb [krp 끄릅] 벽난로
nôž [nuoš, 누오슈] 칼
k ránu [gra:nu 그라누] 아침에
čas radosti [čazradosťi 촤즈라도스뛰] 기쁨의 시간

그러나 슬로바키아어에서는 인칭명사에 선행하는 어휘의 마지막 자음은 동화현상의 영향에 지배받지 않습니다.

s ním [sňi:m 스님:] 그와 함께
s ňou [sňou 스뇨우] 그녀와 함께
k nám [kna:m 끄남:] 우리에게

v 앞에 오는 s와 t도 동화현상에 지배받지 않습니다.

<u>sv</u>et [svet 스벳] 세상, 세계
<u>tv</u>ár [tva:r 뜨바르] 얼굴, 뺨

슬로바키아 어휘의 강세는 항상 첫 음절에 있는 고정강세

강세는 어휘의 첫 음절에 있으며, 전치사와 함께 사용되는 경우 강세는
전치사에 주어지며 전치사와 후행하는 어휘를 한 단어처럼 붙여서 발
음합니다. 전치사 역시 후행하는 어휘가 자음으로 시작되는 경우 동화
현상을 보입니다.

<u>o</u>kno [okno 오끄노] 창문
v<u>š</u>ade [fšaďe 프샤뎨] 모든 곳에
f<u>a</u>rba [farba 파르바] 색, 색상
z Košíc [<u>sk</u>oši:c 스꼬쉬쯔] 꼬쉬쩨에서, 꼬쉬쩨로부터
s bratom [<u>zb</u>ratom 즈브라똠] 형(남동생, 오빠)과 함께
s mliemkom [<u>zm</u>liekom 즈믈리에꼼] 우유를 곁들여, 우유를 넣어
bez cukru [be<u>sc</u>ukru 베쓰쭈끄루] 설탕 없이, 설탕을 넣지 않고

슬로바키아어의 모음운율법칙 (Zákon o rytmickom krátení)

슬로바키아어에서는 장모음에 후행하는 모음은 단모음이 되는 법
칙을 의미합니다. 이는 장모음이나 이중모음이 자음을 사이에 두고
서라도 연속적으로 나타날 수 없다는 것을 의미합니다.

슬로바키아어 발음의 개요

krásny [끄라:쓰니] 아름다운
pamiatka [빠미아뜨까] 기억, 추억, 기념
neriadny [네리아드니] 무질서한, 어수선한
medzinárodný [메드지나로드니] 국제적인

그러나 모음운율법칙이 적용되지 않는 예외적인 경우들 역시 모두 따로 암기해 두어야 하지만, 대표적인 경우는 다음과 같습니다.

-ie로 끝나는 중성명사 (lístie, skálie)
접두사 ná-, sú-, zá- sú 등은 파생시 장모음성 성질을 보존합니다. (námietka, súčiastka, zásielka)
páví, vtáčí 유형의 형용사
tisícnásobný, tisíckrát와 같은 수사의 경우
동사 활용형 중 3인칭 복수 현재형이 -ia로 끝나는 경우 (chvália, trápia)
chválievať, vábievať, trápievať 유형의 다회성 동사

기본회화

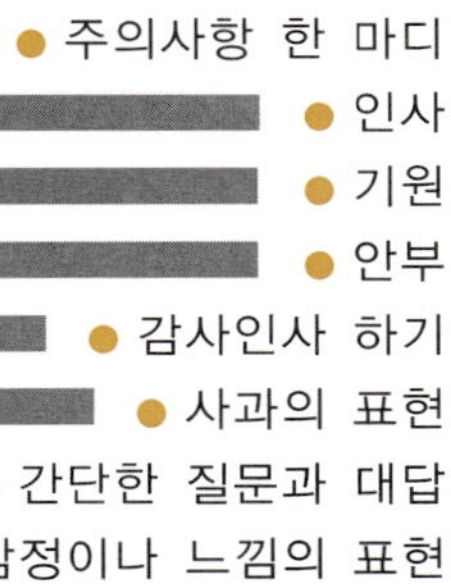

주의사항 한 마디

여행에는 기대와 설렘과 함께 미지의 나라에 대한 막연한 불안감 역시 공존하기 마련입니다. 슬로바키아는 인구 500만을 약간 상회하는 아담하고도 아름다운 나라입니다. 슬로바키아의 수도 브라티슬라바 (Bratislava)에서 멀리 떨어져 있기는 하지만, 고따뜨라 (비쏘께 따뜨리 Vysoké Tatry)와 저따뜨라 (니스께 따뜨리 Nízké Tatry)는 계절의 변화에 따라 독특한 아름다움을 대자연의 넉넉함으로 포용하고 있어 늘 관광객들의 발길을 끄는 명소의 하나입니다. 체코, 오스트리아와도 바로 이웃하고 있는 슬로바키아의 아름다운 자연환경과 더불어 브라티슬라바 (Bratislava)와 뜨르나바 (Trnava), 반스까 비스뜨리짜 (Banská Bystrica), 꼬쉬쩨 (Košice) 등 슬로바키아의 도시들은 고풍스럽고도 아기자기한 역사적 건축물을 고스란히 간직한 아름다운 곳으로 잘 알려져 있지만, 이곳을 여행하고자 하는 이들에게는 원활한 언어소통에 대해 걱정하는 마음이 있을 터인데, 무엇보다도 중요한 것은 상황에 따라 본인의 느낌이나 필요한 것을 수줍음이나 주저함 없이 명확하게 표현하는 것입니다.

슬로바키아어가 비록 낯설고 어렵게 느껴지겠지만, 표현을 못해서 곤란함을 겪는 것보다는 발음하기 어렵고 쑥스러워도 표현함으로써 여행이 한결 즐거워질 수 있다는 것을 기억하면, 각 상황에 해당하는 표현들을 직접적으로 말해봄으로서 이에 응하는 슬로바키아인들은 여행자에게 더 친근함을 느끼고 환한 미소로 화답하게 될 것입니다.

우리 속담에 말 한마디로 천냥 빚을 갚는다는 말이 전해 내려오듯이 슬로바키아 여행 중에 간단한 인사말과 감사의 표현을 익혀두어 사용함으로써, 언제 부닥치게 될지 모르는 여러 상황에서 다양한 도움을 받는 것에 대한 즐거운 마음을 적극적으로 전달할 수 있습니다. 밝은 미소와 함께 짤막하지만 친근한 혹은 정중한 기본 인사말이나 감사의 말을 슬로바키아인에게 표현함으로써 즐거운 여행의 기억이 배가 될 것입니다.

(대단히) 감사합니다.
Ďakujem (pekne).
댜꾸엠 (뻬끄네)

슬로바키아어로 여행자에게 무언가를 도와 주거나 설명해 주려는 슬로바키아인에게는 다음과 같이 말해 보는 것도 좋습니다.

미안하지만, 전 슬로바키아어를 (잘) 못해요.
Prepáčte, nehovorím (dobre) po slovensky.
쁘레빠츄몌 네호보림 (도브레)뽀 슬로벤스끼

슬로바키아어를 조금 합니다.
Hovorím trošku po slovensky.
호보림 뜨로슈꾸 뽀 슬로벤스끼

이 회화책을 통해 고즈넉하고 아늑한 분위기의 브라티슬라바, 그리고 슬로바키아의 멋진 대자연을 마주하며 낭만적이고도 생생한 여행의 추억을 남기는 스스로의 모습을 상상해 보며 산뜻하게 슬로바키아 여행을 시작해 볼까요.

즐거운 여행 하세요!
Šťastnú cestu!
슈땨스뜨누 쩨스뚜

인사

슬로바키아의 인사말 표현은, 아침부터 저녁 무렵까지 가장 일반적으로는 사용되는 Dobrý deň (도브리 덴)이며, 친구 사이나 친한 사이에는 Ahoj (아호이)가 사용됩니다.

안녕하세요!

Dobrý deň!

도브리 덴

어떻게 지내세요?

Ako sa máte?

아꼬 싸 마떼

어떻게 지내니?

Ako sa máš?

아꼬 싸 마슈

고마워(요). 잘 지내(요)

Ďakujem, mám sa dobre.

댜꾸옘 맘 싸 도브레

잘 지내고 있어요. 당신은요?

Veľmi dobre. A vy?

벨미 도브레 아 비

아침인사	Dobré ráno	도브레 라노
저녁인사	Dobrý večer	도브리 베췌르
날, 일	deň	덴
훌륭하게, 멋지게	výborne	비보르네
아주, 매우	veľmi	벨미

고마워(요). 아주 잘 지내(요).

Ďakujem, mám sa veľmi dobre.

댜꾸엠　맘　싸 벨미 도브레

별로에요.

Bohužiaľ, nie veľmi dobre.

보후쥐알 뉘에 벨미 도브레

그럭저럭 지내(요), 고마워(요)

Ujde to, ďakujem.

우이데 또 댜꾸엠

안녕! (만날 때, 헤어질 때 모두)

Ahoj! / Čau!

아호이 / 촤우

안녕히 계세요!/안녕히 가세요!

Dovidenia!

도비데뉘아

어떻게	ako	아꼬
좋은	dobrý	도브리
잘, 멋지게	pekne	삐끄네
밤	noc	노쯔
새로운	nový	노비

안녕히 가세요! (아주 오랫동안 헤어질 때)

Zbohom

즈보홈

잘 지내세요.

Majte sa pekne.

마이떼 싸 삐끄네

안녕히 주무세요! (그리고 좋은 꿈 꾸세요!)

Dobrú noc! (a sladké sny!)

도브루 노쯔 (아 슬라뜨께 스니)

편히 숙면해(숙면하세요).

Dobre sa vyspi(te).

도브레 싸 비스삐(떼)

안녕히 주무셨어요? / 잘 잤니?

Ako ste sa vyspali? / Ako si sa vyspal(a)?

아꼬 스떼 싸 비스빨리 / 아꼬 씨 싸 비스빨(라)

주말	víkend	비껜드
전화하세요	ozvite sa	오즈비떼 싸
오랫동안	dlho	들호
인사	pozdrav	뽀즈드라우
오늘	dnes	드네쓰

주말 잘 보내세요!

Pekný víkend!

삐끄니 비껜드

좋은(멋진) 하루 보내세요!

Pekný deň!

삐끄니 덴

뭔가 새로운 일 있으면 연락해 (연락하세요).

Ak bude niečo nové, prosím, ozvi(te) sa.

악 부데 뉘에쵸 노베 쁘로씸 오즈비(떼) 싸

오랜만입니다.

Dlho sme sa nevideli.

들호 스메 싸 네비델리

오늘 날씨 참 좋네요.

Dnes je skutočne krásne.

드네쓰 예 스꾸또츄네 끄라쓰네

특별한	zvláštny	즈블라슈뜨니
보다	vidieť	비뒤엣
기대하다	tešiť sa	떼쉿 싸
조만간	čoskoro	쵸스꼬로
다시	opäť	오뼷

뭐 새로운 소식 있습니까?

Čo máte nové?

쵸 마떼 노베

별다른 일은 없습니다.

Nič zvláštne.

뉘츄 즈블라슈뜨네

다시 뵙게 되어 기쁩니다. (다시 뵈어 반갑습니다.)

Rád/Rada Vás opäť vidím.

라드/라다 바쓰 오뼷 비딈

슬로바키아의 아름다운 자연에 반했어요.

Príroda na Slovensku ma okúzlila.

쁘리로다 나 슬로벤스꾸 마 오꾸즐릴라

꼭 한국에 놀러오세요.

Určite prídte navštíviť Kóreu.

우르취떼 쁘리뒤떼 나우슈떠빗 꼬레우

기원

축하나 기원을 간단한 슬로바키아어로 표현함으로써 상대방에 대한 호의를 전달하는 즐거움이 더 커질 수 있습니다. '기원하다', '바라다'의 의미에 대해서는 priať (쁘리앗)이나 želať (젤랏) 동사를 사용하면 됩니다.

즐거운 시간 보내시길 바래요.

Prajem Vám príjemnú zábavu.

쁘라옘 밤 쁘리옘누 자바부

즐거운 여행 되세요!

Šťastnú cestu!

슈땨스뜨누 쩨스뚜

축하합니다.

Gratulujem./Blahoželám.

그라뚤루옘/블라호젤람

행운을 기원합니다!

Veľa šťastia!

벨랴 슈땨스뛰야

건강하시고 편안하시길 기원합니다.

Želám Vám veľa zdravia a pohody.

젤람 밤 벨랴 즈드라비아 아 뽀호디

행운	šťastie	슈땨스뛰에
기원하다, 바라다	priať, želať	쁘리앗, 쥏랏
건강	zdravie	즈드라비에
생일	narodeniny	나로데뉘니
축하하다	gratulovať/blahoželať	그라뚤로밧/블라호쥏랏

빨리 쾌차하시길 기원합니다.

Prajem Vám, aby ste sa čoskoro uzdravili.

쁘라엠 밤 아비 스떼 싸 쵸스꼬로 우즈드라빌리

하시는 사업(일) 잘 되기를 바랍니다.

Želám Vám veľa zdaru vo Vašej práci.

쥏람 밤 벨랴 즈다루 보 바쉐이 쁘라찌

생일 축하합니다!

Všetko najlepšie k narodeninám!

프쉐뜨꼬 나일렙쉬에 끄 나로데뉘남

즐거운 성탄절을 기원합니다!

Veselé Vianoce!

베쎌레 비아노쩨

새해 복 많이 받으세요!

Šťastný Nový rok!

슈땨스뜨니 노비 록

안부

이전에 한 번이라도 만나 인사를 나누었던 사이라면, 다음의 간단한 안부 표현을 활용해 보도록 합니다.

하시는 일은 잘 되가나요? 당신 가족들은 어떻게 지내나요?

Ako sa Vám darí? Ako sa má Vaša rodina?

아꼬 싸 밤 다리 아꼬 싸 마 바싸 로뒤나

다시 뵙게 되어 반갑습니다. 어서 들어오세요.

Rád/Rada Vás znovu vidím. Ráčte ďalej.

라드/라다 바쓰 즈노부 비딈 라츄떼 댤레이

당신의 남편(아내)은 어떻게 지냅니까?

Ako sa má Váš manžel/Vaša manželka?

아꼬 싸 마 바슈 만줼/바샤 만줼까

아파 보이네, 너 아무 일 없는 거야?

Vyzeráš chorý/chorá, nie je ti nič?

비제라슈 호리/호라 뉘에 예 뛰 뉘츄

모두에게 안부 전해 주세요.

Pozdravujte všetkých.

뽀즈드라부이떼 프쉐뜨끼흐

감사인사 하기

슬로바키아어로 감사표현을 할 때는 Ďakujem (댜꾸엠)
이라고 말하며, 이에 대한 대답으로 흔히 사용되는
Prosím (쁘로씸)은 '천만에요', '괜찮습니다' 등을 의미
합니다.

(대단히) 감사합니다.

Ďakujem (pekne).

댜꾸엠 (뻬끄네)

별말씀을요. 괜찮습니다.

Prosím.

쁘로씸

천만에요. 별말씀을요.

Nie je za čo.

뉘에 예 자 쵸

호의에 감사드립니다.

Ďakujem Vám za láskavosť.

댜꾸엠 밤 자 라스까보스뜨

시간 내 주셔서 감사합니다.

Ďakujem, že ste si urobili čas.

댜꾸엠 줴 스떼 씨 우로빌리 촤쓰

도움	pomoc	뽀모쯔
대접	pohostenie	뽀호스떼뉘에
칭찬, 찬사	kompliment	꼼쁠리멘뜨
조언, 충고	rada	라다
선물	darček	다르쳌

도움에 감사드립니다.

Ďakujem za pomoc.

댜꾸엠 자 뽀모쯔

융숭한 대접에 감사합니다.

Ďakujem Vám za výborné pohostenie.

댜꾸엠 밤 자 비보르네 뽀호스떼뉘에

당신 덕분에 해 낼 수 있었어요.

Vďaka Vám som to zvládol/zvládla.

브댝까 밤 쏨 또 즈블라돌/즈블라들라

찬사(칭찬)에 감사드려요.

Ďakujem za kompliment.

댜꾸엠　자 꼼쁠리멘뜨

좋은 충고(조언)에 감사드립니다.

Ďakujem za dobré rady.

댜꾸엠　자 도브레 라디

사과의 표현

슬로바키아인들은 비교적 정적이며 에티켓을 소중히 여깁니다. 무언가를 물어 보기 위해 부른다든지 혹은 길을 가다가 스치거나 살짝 부딪쳐도 미안하다는 표현, 즉, prepáčte (쁘레빠츄떼) 또는 pardón (빠르돈)을 사용합니다.

미안합니다. 죄송합니다.

Prepáčte. (Pardón)

쁘레빠츄떼 (빠르돈)

괜찮습니다.

Nič sa nestalo/To je v poriadku.

뉘츄 싸 네스딸로/또 예 프 뽀리아뜨꾸

늦어서 죄송합니다.

Prepáčte, že idem neskoro.

쁘레바츄떼 줴 이뎀 네스꼬로

유감입니다.

To je mi ľúto. (Je mi to ľúto)

또 예 미 류또 (레 미 또 류또)

당신의 감정을 상하게 하려는 의도는 아니었습니다.

Nechcel(a) som Vás uraziť.

네흐쩰(라) 쏨 바쓰 우라짓

잠시	chvíľa	흐빌랴
실수	chyba	히바
과오, 잘못한 점	vina	비나
걱정	starosť	스따로슷뛰
후회	ľútosť	류또스뛰

번거롭게 해서 죄송합니다.

Prepáčte, že Vás obťažujem.

쁘레빠츄뗴 줴 바쓰 옵따쥬옘

너무 오래 기다리시게 해서 죄송합니다.

Prepáčte, že som Vás nechal(a) tak dlho čakať.

쁘레빠츄뗴 줴 쏨 바쓰 네할(라) 딱 들호 촤깟

일 하시는 데 방해해서 미안합니다.

Prepáčte, že Vás vyrušujem pri práci.

쁘레빠츄뗴 줴 바쓰 비루슈옘 쁘리 쁘라찌

실례지만, 잠깐 비켜주세요.(사람이 많은 장소에서)

S dovolením.

즈 도볼레님

잠시 실례하겠습니다, 금방 돌아올게요.

Prepáčte, hneď som späť.

쁘레빠츄뗴 흐네뜨 쏨 스뺏

간단한 질문과 대답

의문사를 사용하거나, 평서문 동사와 주어의 위치를 도치하여 문장 끝의 억양을 올려 질문을 표현하는 방법이 있습니다. 말을 걸 때, Prosím vás (쁘로씸 바쓰), Prepáčte prosím (쁘레빠츄떼 쁘로씸)과 같이 '실례지만'에 해당하는 표현을 사용할 수도 있습니다.

예, 그렇습니다.

Áno

아노

아니오. 그렇지 않습니다.

Nie.

뉘에

모르겠어요. / 알아요.

Neviem. / Viem.

네비엠 / 비엠

이해가 안 됩니다. / 바로 그거야!

Nerozumiem. / To je ono!

네로주미엠 / 또 예 오노

천천히 말씀해 주십시오.

Hovorte pomalšie, prosím.

호보르떼 뽀말쉬에 쁘로씸

누구	kto	끄또
무엇	čo	쵸
얼마나	koľko	꼴꼬
시 (時)	hodina	호뒤나
시간	čas	촤쓰

그(녀)는 누구입니까?

Kto je to?

끄또 예 또

이것은 무엇입니까?

Čo je to?

쵸 예 또

이것은 가격이 얼마입니까?

Koľko to stojí?

꼴꼬 또 스또이

몇 시입니까?

Koľko je hodín?

꼴꼬　예 호뒨

실례지만, 잠깐 시간 있으세요?

Prosím Vás, máte chvíľu čas?

쁘로씸 바쓰 마떼 흐빌류 촤쓰

돕다	pomôcť	뽀무오쯧뜨
어디에	kde	그데
한국	Kórea	꼬레아
살다, 거주하다	bývať	비밧뛰
브라티슬라바	Bratislava	브라뛰슬라바

실례지만, 저를 좀 도와주시겠습니까?

Prosím Vás, mohli by ste mi pomôcť?

쁘로씸 바쓰 모흘리 비 스떼 미 뽀무오쯧뛰

사진 좀 찍어 주시겠어요?

Mohli by ste ma odfotiť?

모흘리 비 스떼 마 오뜨포띳

어느 나라에서 오셨습니까?

Odkiaľ ste?

오뜨끼알 스떼

한국에서 왔어요.

Som z Kóreje. / Som z Južnej Kóreje.

쏨 쓰 꼬레예 / 쏨 즈 유쥬네이 꼬레예

어디 사세요?

Kde bývate?

그데 비바떼

영어로	po anglicky	뽀 앙글리쯔끼
슬로바키아어로	po slovensky	뽀 슬로벤스끼
단어	slovo	슬로보
담배 피우다	fajčiť	파이췻
화장실	záchod	자호뜨

서울에 살아요. /브라띠슬라바에 살아요.

Bývam v Soule. / Bývam v Bratislave.

비밤 프 쏘울레 / 비밤 브 브라뛰슬라베

이것은 무슨 뜻입니까?

Čo to znamená?

쵸 또 즈나메나

이것을 슬로바키아어로 무엇이라고 합니까?

Ako sa to povie po slovensky?

아꼬 싸 또 뽀비에 뽀 슬로벤스끼

여기서 담배 피워도 됩니까?

Môžem tu fajčiť?

무오쥄 뚜 파이췻

실례지만, 화장실이 어디에 있나요?

Prepáčte prosím, kde je toaleta?

쁘레빠츄떼 쁘로씸 그데 예 또알레따

감정이나 느낌의 표현

슬로바키아 사람들은 감정적이면서 감성적인 면이 도드라지기는 하지만 친해지기까지는 어느 정도 시간이 걸립니다. 슬로바키아에서 문화적 차이 등으로 인해 당혹스러움을 느끼는 경우도 있는데, 다양한 상황에 따른 감정 표현을 통해 자신의 느낌을 그들에게 전달하는 것도 중요합니다.

기분이 좋아요. / 기분이 좋지 않아요.

Mám dobrú náladu. / Mám zlú náladu.

맘 도브루 날라두 / 맘 즐루 날라두

넌 내게 정말 큰 기쁨을 줬어!

Ty si mi urobil(a) velkú radosť!

띠 씨 미 우로빌(라) 벨꾸 라도스뜨

난 오늘 컨디션이 안 좋아요.

Dnes sa necítim vo svojej koži.

드녜쓰 싸 녜찌띰 보 스보예이 꼬쥐

무슨 일 있나요? / 무슨 일 있니?

Čo je s Vami? / Čo je s tebou?

쵸 예 스 바미 / 쵸 예 스 뗴보우

당혹스럽습니다.

Priviedol ste/si ma do rozpakov.

쁘리비에돌 스뗴/씨 마 도 로스빠꼬우

추워요.	Je mi zima.	예 미 지마
더워요.	Je mi horúco.	예 미 호루쪼
따뜻해요.	Je mi teplo.	예 미 뗴쁠로
기분	nálada	날라다
즐거운	veselý	베쎌리

왜 나한테 화내세요 (화내)?

Prečo sa na mňa hneváte (hneváš)?

쁘레쵸 싸 나 믄냐 흐네바뗴 (흐네바쓔)

이젠 신경에 거슬리는군요!

Už mi to ide na nervy.

우슈 미 또 이데 나 네르비

웃을 기분 아니에요.

Nie je mi do smiechu.

뉘에 예 미 도 스미에후

졸려요.

Som ospalý (ospalá)/Chce sa mi spať.

쏨 오스빨리 (오스빨라)/흐쩨 싸 미 스빳

널 위해선 모든 걸 다할 거야.

Pre teba urobím čokoľvek.

쁘레 뗴바 우로빔 쵸꼴벡

만족해요	Som spokojný	쏨 스뽀꼬이니
나 줄곧 너만 생각해	Stále myslím na teba	스딸레 미슬림 나 떼바
기쁨	radosť	라도스뛰
슬픔	smútok	스무똑
사랑/미움	láska /nenávisť	라스까/녜나비스뛰

난 인복이 많아요!

Mám šťastie na dobrých ľudí!

맘 슈땨스뛰에 나 도브리흐 류뒤

그거 정말 놀랍군요!

To je naozaj prekvapujúce!

또 예 나오자이 쁘레끄바뿌유쩨

충격적이군요.

Som v šoku.

쏨 프 쇽꾸

나는 너를 좋아해.

Mám ťa rád. (m)/Mám ťa rada. (f)

맘 땨 라뜨/맘 땨 라다

나는 너를 사랑해

Ľúbim ťa./Milujem ťa.

류빔 땨 /밀루엠 땨

감정이나 느낌의 표현

의견의 표현

슬로바키아 사람들을 대하며 멘탈리티 등의 차이로 인해 생길 수 있는 상황에 따라 명확한 의사표현을 통해 자신의 생각을 확실하게 전달하는 것도 중요합니다. 흥미로운 표현들도 함께 익혀보도록 하죠.

난 그렇게 생각하지 않아요/난 그렇게 생각해요.

Myslím, že nie/Myslím, že áno.

미슬림 쮀 뉘에/미슬림 쮀 아노

만족합니다/만족스럽지 않군요.

Som spokojný/Nie som spokojný.

쏨 스뽀꼬이니/뉘에 쏨 스뽀꼬이니

모든 게 제대로 된 것 같군요.

Myslím, že je všetko v poriatku.

미슬림 쮀 예 프쉐뜨꼬 프 뽀리아뜨꾸

당신이 옳아요./네가 옳아.

Máte pravdu/Máš pravdu.

마떼 쁘라브두/마슈 쁘라브두

당신의 의견에 동의합니다/동의하지 않습니다.

Súhlasím s Vami/Nesúhlasím s Vami.

쑤흘라씸 스 바미/녜쑤흘라씸 스 바미

의견	názor	나조르
동의	súhlas	쑤흘라쓰
아이디어	nápad	나빳
사실, 진실	pravda	쁘라브다
거짓말	lož	로슈

나는 의견을 굽힐 수 없습니다.

Ja trvám na svojom názore.

야 뜨르밤 나 스보욤 나조레

당신을 전혀 이해할 수가 없군요.

Ja Vám vôbec nerozumiem.

야 밤 부오베쯔 네로주미엠

당신의 상황을 전적으로 이해합니다.

Úplne chápem Vašu situáciu.

우쁠녜 하뻼 바슈 씨뚜아찌우

거짓말하지 마세요/거짓말하지마!

Neklamte!/Neklam!

네끌람떼/네끌람

좋은 아이디어군요.

To je dobry nápad.

또 예 도브리 나빳

믿다	veriť	베릿
복잡한	komplikovaný	꼼쁠리꼬바니
상황	situácia	씨뚜아찌아
안정	pokoj	뽀꼬이
주다	dať	닷

이게 가능할까요?

Myslíte, že je to možné?

미슬리떼 줴 예 또 모쥬네

이건 전혀 불가능합니다.

To vôbec nie je možné.

또 부오베쯔 뉘에 예 모쥬네

상황을 복잡하게 만들지 마세요 (만들지 마).

Nekomplikujte (Nekomplikuj) situáciu.

네꼼쁠리꾸이떼 (네꼼쁠리꾸이) 씨뚜아찌우

난 당신을 믿지 않아요/난 널 믿지 않아.

Neverím Vám. / Neverím Ti.

네베림 밤/네베림 뛰

이젠 날 좀 가만히 내버려둬(요).

Daj(te) mi už pokoj!

다이(떼) 미 우쓔 뽀꼬이

현실	realita	레알리따
바보 같은	hlúpy (m) / hlúpa (f)	흘루삐/흘루빠
바보	idiot	이디옷
정신 나간 사람	blázon	블라존
장난, 웃음거리	sranda	스란다

꿈에서 깨어나 현실을 직시하라구!

Prebuď sa zo sna a uvedom si realitu!

쁘레부뜨 싸 조 스나 아 우베돔 씨 레알리뚜

바보같이 굴지마!

Nebuď hlúpy/hlúpa!

녜붓 흘루삐/흘루빠

날 우습게 만들지 마(세요)! (놀리지 마(세요))!

Nerob(te) si zo mňa srandu!

녜로쁘(떼) 씨 조 믄냐 스란두

그만 하세요! 진저리가 나네요! (그만해!)

Už mám toho naozaj po krk!

우쥬 맘 또호 나오자이 뽀 끄륵

난 정신 나간 게 아니라구요.

Ja nie som blázon.

빠 뉘예 쏨 뿔라존

협의하다, 결정하다	dohodnúť sa	도호드눗 싸
이기적인	sebecký (m) / sebecká (f)	쎄베쯔끼
말 많은	ukecaný (m) / ukecaná (f)	우께짜니
말수가 적은	málovravný (m) / málovravná (f)	말로브라브니
무례하게	neslušne	네슬루슈네

너의 낙천주의가 맘에 들어. 정말 대단해.

Páči sa mi tvoj optimizmus, je to super.

빠취 싸 미 뜨보이 옵띠미즈무쓰 예 또 쑤뻬르

이메일로 협의합시다.

Dohodneme sa cez e-mail.

도호드네메 싸 쩨즈 이메일

이제 더 이상 내 앞에 얼씬도 하지마!

Nechoď mi už viac na oči!

네호뗘 미 우슈 비아쯔 나 오취

난 당신 속마음을 훤히 꿰뚫고 있어요.

Ja Vám vidím až do žalúdka.

야 밤 비딤 아슈 도 좔루뜨까

행동이 무례하시군요.

Spraváte sa veľmi neslušne.

스쁘라바떼 싸 벨미 네슬루슈네

영리한	múdry (m) / múdry (f)	무드리
사랑스러운	milý (m) / milá (f)	밀리
호감 가는	sympatický (m) / sympatická (f)	씸빠띠쯔끼
친절한	láskavý (m) / láskavá (f)	라스까비
유머	humor	후모르

고민하지 마, 모든 게 잘될 거야.

Nelám si s tým hlavu, všetko bude fajn.

녤람 씨 스 띰 흘라부 프쉣뜨꼬 부데 파인

넌 내가 생각한 것보다 영리하군.

Si múdrejší ako som si myslel(a).

씨 무드레이쉬 아꼬 쏨 씨 미슬렐(라)

무척 사랑스럽고 호감 가는 분이시군요.

Ste veľmi milá a sympatická.

스뗴 벨미 밀라 아 씸빠띠쯔까

무척 친절하시군요.

Ste veľmi láskavý/láskavá.

스뗴 벨미 라스까비/라스까바

유머감각이 있으시군요.

Máte zmysel pre humor.

마떼 즈미쎌 쁘레 후모르

문제	problém	쁘로블렘
호기심이 많은	zvedavý (m) / zvedavá (f)	즈베다비
다혈질의	horkokrvný	호르꼬끄르브니
내성적인	introvertný	인뜨로베르뜨니
외향적인	extrovertný	엑스뜨로베르뜨니

남의 일에 참견 마(세요)!

Nepleť(te) sa do cudzích záležitostí!

네쁠레뛰(떼) 싸 도 쭈드지흐 잘레쥐또스뛰

너나 잘해! (당신이나 잘 하세요!)

Staraj(te) sa o seba!

스따라이(떼) 싸 오 쎄바

이건 당신 문제예요.

To je Váš problém.

또 예 바슈 쁘로블렘

그건 나하고 상관없는 일이에요.

Nič mi do toho nie je.

뉘츠 미 도 또호 뉘에 예

될대로 되라고 그냥 내버려 둘래요.

Nechám to plávať.

네함 또 쁠라밧

잘못, 과오	vina	비나
단어	slovo	슬로보
말	reč	레츄
얘기나누다	rozprávať	로스쁘라밧
사과하다	ospravedlňovať sa	오스쁘라베들뇨밧 싸

이건 내 잘못이 아니에요.

To nie je moja vina.

또 뉘에 예 모야 비나

나는 책임이 없어요.

Ja za to nemôžem.

야 자 또 네무오쳄

말꼬리 잡지 마(마시죠)!

Nechytaj(te) ma za slovíčka!

네히따이(떼) 마 자 슬로비츄까

말씀 도중에 끼어들어서 죄송합니다만.

Prepáčte, že Vám skáčem do reči.

쁘레빠츄떼 줴 밤 스까쳄 도 레취

더 이상 그 얘기는 하고 싶지 않아요.

Nechcem o tom viac rozprávať.

녜흐쪔 오 똠 비아쯔 로스쁘라밧

다음의 표현들을 익혀 슬로바키아인들의 좋은 점에 대해 표현해준다면, 서로 간에 좀 더 친근해질 수 있는 부드러운 계기가 되겠지요.

대단한 미인이시군요 (너 너무 예뻐).

Ste (Si) veľmi pekná.

스떼 (씨) 벨미 뻬끄나

미소가 너무 예쁘군요 (예뻐).

Pekne sa usmievate (usmievaš).

뻬끄녜 싸 우스미에바떼 (우스미에바슈)

목소리가 근사하군요/예쁘군요.

Máte skvelý hlas.

마떼 스끄벨리 흘라쓰

눈이 정말 매혹적이군요. 아세요?

Máte naozaj krásne oči. Viete o tom?

마떼 나오자이 끄라스네 오취 비에떼 오 똠

당신의 웨이브 헤어 스타일 너무 멋지군요.

Máte nádherne vlnité vlasy.

마떼 나드헤르네 블뉘떼 블라씨

미소	úsmev	우스메우
목소리	hlas	흘라쓰
체격, 몸매	postava	뽀스따바
만능의, 다재다능한	všestranný	프쉐스뜨라니
완벽한, 빼어난	dokonalý	도꼬날리

몸짱이시군요 (너 몸짱이구나)!

Máte (Máš) dokonalú postavu!

마떼 (마슈) 도꼬날루 뽀스따부

동안이시군요 (무척 젊어 보이시네요).

Vyzeráte veľmi mladý/mladá.

비제라떼 벨미 믈라디/믈라다

요리를 정말 잘하시는군요.

Ste najlepšia kuchárka akú poznáme.

스떼 나일렙쉬아 꾸하르까 아꾸 뽀즈나메

만능 스포츠맨이시군요.

Ste naozaj všestranný športovec.

스떼 나오자이 프쉐스뜨라니 슈뽀르또베쯔

그 일을 해내다니 넌 정말 대단해.

Obdivujem ťa, že si to dokázal(a) zvládnuť.

옵뒤부옘 땨 줴 씨 또 도까잘(라) 즈블라드눗

칭찬, 찬사

일상적인 회화

주의사항 한 마디

슬로바키아인들은 감성적이면서 감정적인 한편 정이 많기도 하지만, 처음 대하는 사람이나 모르는 사람에게는 언뜻 보기에 친근함이 좀 부족한 듯 느껴지기도 합니다. 반면, 슬로바키아의 거리를 구경하며 지나치다 누군가와 시선이 마주치는 경우 부드러운 미소를 보이는 슬로바키아인들도 간혹 있는데 함께 미소로 응대하면 마음이 저절로 즐거워집니다. 처음 만날 때 어색함은 누구나 느낄 수 있는 성질의 것이지만, 간단한 슬로바키아어 표현을 통해 웃을 수 있거나 친근해질 수 있는 계기를 만 들 수 있습니다. 슬로바키아인은 처음 만날 때부터 지나치게 개인적인 질문이나 나이, 종교, 가족 관계 등을 묻지는 않습니다.

슬로바키아인들은 누군가와 대화를 나눌 때 혹은 처음 만나 통성명을 할 때 항상 상대방의 눈을 보며 이야기하고, 특히 슬로바키아의 청소년이나 젊은이들은 상대방에게 예를 들어, Peter (뻬떼르), Pavol (빠볼), Eva(에바)와 같은 자신의 이름을 불러달라고 얘기합니다.

슬로바키아인은 여성의 경우 성(姓)이 -ová 또는 -á 형태를 갖습니다.

Pán Novák 노박 씨
빤 노박
Pani Nováková 노박(꼬바) 부인
빠뉘 노박꼬바
Slečna Nováková 노박(꼬바) 양
슬레츄나 노박꼬바

Pán Veselý 베쎌리 씨
빤 베쎌리
Pani Veselá 베쎌라 부인
빠뉘 베쎌라
Slečna Veselá 베쎌라 양
슬레츄나 베쎌라

슬로바키아어의 어휘 중 Prosím [쁘로씸]을 알아두면 매우 편합
니다. 슬로바키아어의 prosiť 동사는 원래 '청하다', '부탁하다'
라는 뜻을 가지고 있습니다. 동시에 이 동사의 1인칭 단수 현재
형 Prosím [쁘로씸]은 매우 다양한 뜻이 있습니다. 감사인사에
대해 '별말씀을요, 괜찮습니다' 라는 표현으로, 상대방의 말을
이해하지 못했거나 제대로 듣지 못해 다시 한 번 말해주기를 원

주의사항 한 마디

 하는 경우에도 사용할 수 있으며, 상대방이 요청한 물건을 건네 주며 '여기 있습니다' 라는 표현으로, 상점에 들어가서 점원 등을 부를 때도 사용하거나, 영어의 please에 해당하는 표현으로도 사용하며, 전화 받을 때 haló [할로] (여보세요) 대신에 prosím [쁘로씸]을 사용할 수도 있습니다.

처음 만났을 때

처음 만나 통성명을 할 때 슬로바키아인은 친해지고 싶은 경우 상대방의 나이에 관계없이 자신의 성(姓)이 아닌 이름을 불러달라고 얘기합니다.

안녕하세요, 제 이름은 이루리입니다.

Dobrý deň, volám sa Ru Ri LI.

도브리 덴 볼람 싸 루 리 리

제 성(姓)은 이입니다.

Moje priezvisko je LI

모예 쁘리에즈비스꼬 예 리

반갑습니다.

Teší ma.

떼쉬 마

여기 제 명함이 있습니다.

Tu je moja vizitka.

뚜 예 모야 비지뜨까

제 소개 드리겠습니다, 김입니다.
Rád(Rada) by som sa vám predstavil(a), volám sa KIM.

라드(라다) 비 쏨 싸 밤 쁘레뜨스따빌(라) 볼람 싸 김

이름	meno	메노
성	priezvisko	쁘리에즈비스꼬
명함	vizitka	비지뜨까
친구 (여자친구)	priateľ(m), priateľka(f)	쁘리아뗄(남), 쁘리아뗄까(여)
통성명하다	zoznámiť sa	조즈나밋 싸

알고 지냅시다 (인사합시다).

Rád(Rada) by som sa s vámi zoznámil(a).

라드(라다) 비 쏨 싸 스 바미 조즈나밀(라)

성함이 어떻게 됩니까?

Ako sa voláte?

아꼬 싸 볼라떼

만나 뵈어 반가웠어요.

Tešilo ma. / Bolo mi potešením.

떼쉴로 마 / 볼로 미 뽀떼쉐님

소개 합니다 (인사 나누세요). 제 친구 김입니다.

Zoznámte sa prosím, to je môj priateľ KIM.

조즈남떼 싸 쁘로씸 또 예 무오이 쁘리아뗄 김

친구가 되고 싶습니다.

Chcel(a) by som sa s Vami spriateliť.

흐쩰(라) 비 쏨 싸 스 바미 스쁘리아뗄릿

환영

슬로바키아인들은 환영의 의미로 물론 악수를 하기도 하지만, 때로는 포옹이나 양 볼에 가볍게 입맞춤함으로써 표현하기도 합니다.

환영합니다.

Vítame vás.

비따메 바쓰

진심으로 환영합니다.

Srdečne vás vítame.

쓰르데츄네 바쓰 비따메

와 주셔서 고맙습니다.

Ďakujem, že ste prišli.

댜꾸엠   줴 스떼 쁘리슐리

편히 앉으세요.

Urobte si pohodlie.

우로프떼 씨 뽀호들리에

초대 (방문)해 주셔서 고맙습니다.

Ďakujem za pozvanie (návštevu).

댜꾸엠 자 뽀즈바뉘에 (나우슈떼부)

자기소개

상대방과 시선을 맞추며 자신의 이름과 성을 명료하게
얘기하고, 상대가 여성일 경우에는 여성이 먼저 악수를
청하면 응하는 것이 에티켓입니다. 처음에는 상대방의
개인 신상에 대해 너무 자세한 것을 묻지 않습니다.

안녕하세요, 처음 뵙겠습니다.

Dobrý deň, teší ma.

도브리 덴 떼쉬 마

제 이름은 이루리라고 합니다.

Volám sa Ru Ri LI.

볼람 싸 루 리 리

어느 나라에서 오셨습니까?

Odkiaľ ste?

오뜨끼알 스떼

한국에서 왔습니다.

Som z Kóreje (Kórejskej republiky).

쏨 쓰 꼬레예 (꼬레이스께이 레뿌블리끼)

뵙게 되어 무척 반갑습니다.

Veľmi rád/rada Vás poznávam.

벨미 라드/라다 바쓰 뽀즈나밤

나	ja	야
관광	turistika	뚜리스띠까
사업가	podnikateľ	뽀드뉘까뗄
처음	po prvý krát	뽀 쁘르비끄랏
여행하다	cestovať	쩨스또밧

저는 사업가입니다.

Som podnikateľ./živnostník.

쏨 뽀드뉘까뗄/쥐브노스뜨뉙

저는 40살입니다.

Mám štyridsať rokov.

맘 슈띠리짯 로꼬우

슬로바키아에는 사업차 왔습니다.

Som na Slovensku služobne.

쏨 나 슬로벤스꾸 슬루죠브녜

슬로바키아에는 관광차 왔습니다.

Prišiel som na Slovensko za turistikou.

쁘리쉬엘 쏨 나 슬로벤스꼬 자 뚜리스띠꼬우

나는 브라티슬라바에는 처음입니다.

Som v Bratislave po prvý krát.

쏨 브 브라뛰슬라베 뽀 쁘르비 끄랏

직업	zamestnanie/povolanie	자메스뜨나뉘에/뽀볼라뉘에
회사	firma	피르마
일하다	pracovať	쁘라쪼밧
사장	riaditeľ	리아뒤뗄
문화	kultúra	꿀뚜라

어떤 직업을 갖고 계십니까?

Aké máte zamestnanie (povolanie)?

아께 마떼 자메스뜨나뉘에 (뽀볼라뉘에)

나는 다국적/한국 회사에서 근무하고 있습니다.

Pracujem v nadnárodnej/kórejskej firme.

쁘라쭈옘 브 나드나로드네이/꼬레이스께이 피르메

나는 회사를 경영하고 있습니다.

Som riaditeľom firmy.

쏨 리아뒤뗄롬 피르미

나는 유럽 여행을 하고 있습니다.

Teraz cestujem po Európe.

떼라쓰 쩨스뚜옘 뽀 에우로뻬

나는 슬로바키아 문화에 관심이 많습니다.

Zaujímam sa o slovenskú kultúru.

자우이맘 싸 오 슬로벤스꾸 꿀뚜루

가족사항

좀 더 친숙해진 후에 결혼 여부나, 직업 그리고 가족 관계, 종교 등에 대해 이야기합니다.

식구가 많습니까 (대가족입니까)?

Máte veľkú rodinu?

마떼 벨꾸 로뒤누

예, 대가족입니다.

Áno, máme veľkú rodinu.

아노 마메 벨꾸 로뒤누

아니오, 소가족입니다.

Nie, máme malú rodinu.

뉘에 마메 말루 로뒤누

가족은 몇 명이나 됩니까?

Koľkí ste v rodine?

꼴끼 스떼 브 로뒤네

모두 다섯 식구입니다.

Je nás v rodine päť.

예 나쓰 브 로뒤네 뻿

가족	rodina	로뒈나
큰	veľký	벨끼
작은	malý	말리
미혼의	slobodný/-á (m/f)	슬로보드니(남)/슬로보드나 (여)
결혼한	ženatý (m), vydatá (f)	줴나띠 (남)/비다따 (여)

누구누구입니까?

Akých členov máte v rodine?

아끼흐 츌레노우 마떼 브 로뒈네

아버님, 어머님, 형님, 누님 그리고 저입니다.

Otec, mama, brat, sestra a ja.

오떼쯔 마마 브랏뜨 쎄스뜨라 아 야

나는 기혼입니다. (남성/여성)

Som ženatý (vydatá).

쏨 줴나띠 (비다따)

나는 미혼입니다. (남성/여성)

Som slobodný (slobodná).

쏨 슬로보드니 (슬로보드나)

나는 이혼했습니다. (남성/여성)

Som rozvedený (rozvedená).

쏨 로즈베데니(로즈베데나)

자녀, 아이	dieťa	뒤에따
아들	syn	씬
딸	dcéra	드쩨라
형제	brat	브랏
자매	sestra	쎄스뜨라

자녀들이 있습니까?

Máte deti?

마떼 데띠

둘 입니다, 아들 하나 딸 하나이지요.

Mám dve deti, syna a dcéru.

맘　드베 데띠 씨나 아 드쩨루

형제자매가 있습니까?

Máte súrodencov?

마떼 쑤로뎅쪼우

형과 여동생이 있습니다.

Mám staršieho brata a mladšiu sestru.

맘 스따르쉬에호 브라따 아 믈라뜨쉬우 쎄스뜨루

고향이 어디입니까?

Odkiaľ pochádzate?

오뜨끼알 뽀하드자떼

부모님	rodičia	로뒤춰아
외동 (아들, 딸)	jedináčik	예뒤나?
아는 사람	známy/známa (m/f)	즈나미 (남)/즈나마 (여)
친척	príbuzný/príbuzná (m/f)	쁘리부즈니 (남)/쁘리부즈나 (여)
종교	náboženstvo	나보쥄스뜨보

나는 기독교인입니다.

Som evanjelik (evanjelička).

쏨 에반옐릭 (에반옐리츄까)

나는 카톨릭 신자입니다.

Som katolík (katolíčka).

쏨 까똘릭 (까똘리츄까)

나는 불교 신자입니다.

Som budhista (budhistka).

쏨 부드히스따 (부드히스뜨까)

나는 무신론자입니다.

Som ateista (ateistka).

쏨 아떼이스따 (아떼이스뜨까)

나는 무교입니다.

Som bez náboženského vyznania.

쏨 베즈 나보쥄스께호 비즈나뉘야

만날 약속

만나기 전에 미리 전화나 이메일, 서면 등으로 약속 장소를 정하여 시간을 준수하도록 합니다. 사전에 약속을 했다면 방문하여 명함 등이나 간단한 자기 소개 등을 통해 만나고자 하는 사람과의 면담을 요청합니다.

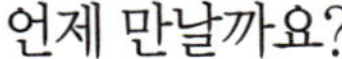

당신을 만나 뵐까 하는데요.

Chcel(a) by som sa s Vami stretnúť.

흐쩰(라) 비 쏨 싸 스 바미 스뜨레뜨눗

언제 만날까요?

Kedy sa zídeme?

께디 싸 지데메

내일 만납시다.

Zídeme sa zajtra

지데메 싸 자이뜨라

어디서 뵈면 좋을까요?

Kde Vám to bude vyhovovať?

그데 밤 또 부데 비호보밧

내일 오후에 당신의 사무실에서 뵙도록 하겠습니다.

Zastavím sa u Vás v kancelárii zajtra poobede.

자스따빔 싸 우 바쓰 프 깐쩰라리이 자이뜨라 뽀오베데

면담을 청하는 상대방에 대해 남성은 결혼 여부에 관계없이 성(姓) 앞에 '~씨', '~님'을 의미하는 'pán [빤]', 미혼 여성의 경우는 '~양'을 의미하는 'slečna [슬레츄나]', 그리고 기혼여성의 경우는 '~부인', '~여사'를 의미하는 'pani [빠뉘]'를 사용합니다.

노박씨를 만나 뵐 수 있을까요?

Mohol by som vidieť pána Nováka?

모홀 비 쏨 비뒤엣 빠나 노박까

노박꼬바 여사를 만나뵙고 싶습니다.

Chcel(a) by som vidieť pani Novákovú.

흐쩰(라) 비 쏨 비뒤엣 빠뉘 노박꼬부

노박씨에게 제 명함을 전달해 주십시오.

Dajte prosím, pánovi Novákovi moju vizitku.

다이떼 쁘로씸 빠노비 노박꼬비 모유 비지뜨꾸

지금 손님과 함께 계십니다./지금 회의중입니다.

Teraz má návštevu./Teraz má jednanie.

떼라즈 마 나우슈떼부/떼라즈 마 예드나뉘에

이곳에서 그/그녀를 기다려도 괜찮겠습니까?

Môžem tu naňho/na ňu počkať?

무오쩸 뚜 난뉘호/나 뉴 뽀츄깟

슬로바키아어를 잘 몰라요

슬로바키아어가 물론 익숙하지 않겠지만, 말할 때 크고 명료하게 표현한다면,
슬로바키아인들도 그 성의를 더 친근하게 느끼고 이해하려 할 것입니다.

슬로바키아어를 하십니까?

Hovoríte po slovensky?

호보리뗴 뽀 슬로벤스끼

나는 슬로바키아어를 조금 합니다.

Hovorím trochu po slovensky.

호보림 뜨로후 뽀 슬로벤스끼

나는 슬로바키아어를 할 줄 모릅니다.

Nehovorím po slovensky.

녜호보림 뽀 슬로벤스끼

영어를 하십니까?

Hovoríte po anglicky?

호보리뗴 뽀 앙글리쯔끼

다시 한 번 말씀해 주십시오.

Povedzte mi to ešte raz, prosím.

뽀베드즈뗴 미 또 에슈뗴 라쓰 뽀로씸

이해하다	rozumieť	로주미엣
천천히	pomaly	뽀말리
철자를 불러주다	hláskovať	흘라스꼬밧
슬로바키아어로	po slovensky	뽀 슬로벤스끼
영어로	po anglicky	뽀 앙글리쯔끼

무슨 뜻인지 잘 모르겠는데요.

Nerozumiem.

네로주미엠

좀 써주십시오.

Napíšte mi to, prosím.

나삐슈떼 미 또 쁘로씸

좀 더 천천히 말씀해 주십시오.

Hovorte pomalšie, prosím.

호보르떼 뽀말쉬에 쁘로씸

당신의 이름을 제대로 듣지 못했는데요.

Prepočul(a) som Vaše meno.

쁘레뽀츌(라) 쏨 바쉐 메노

제 이름과 성 철자를 불러 드릴게요.

Hláskujem Vám svoje meno a priezvisko.

흘라스꾸엠 밤 스보예 메노 아 쁘리에즈비스꼬

말하다, 구사하다	hovoriť	호보릿
슬로바키아어	slovenčina	슬로벤취나
어려운	ťažký	땨슈끼
쉬운	ľahký	랴흐끼
배우다	učiť sa	우칫 싸

슬로바키아어 재미있네요.

Slovenčina ma baví.

슬로벤취나 마 바비

슬로바키아어 작문을 향상시키고 싶어요.

Chcem sa zlepšiť v písanej slovenčine.

흐쩸 싸 즐렙슏 프 삐싸네이 슬로벤취네

슬로바키아어는 너무 어렵군요.

Slovenčina je veľmi ťažká.

슬로벤취나 예 벨미 땨슈까

슬로바키아어는 아름다운 언어입니다.

Slovenčina je krásny jazyk.

슬로벤취나 예 끄라쓰니 야직

슬로바키아어를 배우고 싶어요.

Chcem sa učiť po slovensky.

흐쩸 싸 우칫 뽀 슬로벤스끼

슬로바키아어를 잘 몰라요

도착할 때까지

주의사항 한 마디

슬로바키아를 방문하거나 여행하고자 하는 경우 3개월까지는 비자가 필요없으며, 그 이상 장기간 체류하는 경우 비자를 발급받아야 합니다. 주한 슬로바키아 대사관 주소는 다음과 같습니다.

▶ 주한 슬로바키아 대사관:

서울시 용산구 한남동 389-1
전화: 02-794-3981/5420
팩스: 02-794-3982

슬로바키아로 가는 항공편은 매우 다양하며, 슬로바키아의 수도 브라티슬라바와 비엔나가 매우 근접하게 위치해 있기 때문에, 브라티슬라바의 슈떼파닉 공항 (Letisko M. R. Štefánika) 뿐만 아니라, 많은 사람들이 비엔나 국제 공항을 이용하여 차편으로 브라티슬라바까지 도착하기도 합니다. '비엔나 국제 공항-브라티슬라바' 간을 운행하는 버스가 있는데 소요시간은 약 1시간 이내입니다. 비엔나 국제 공항과 브라티슬라바 국제 공항을 연결하는 복합 항공 운송망이 현재 추진 중에 있으며, 더 나아가서는 브라티슬라바 국제 공항을 중심으로 하여 유럽 및 북미대륙을 연결하는 항공노선을 개발하기 위해 고려하고 있습니다. EU 가입국가와 비EU 국가 소속으로 나누어 심사가 이루어지는데, 출입국 심사는 별 어려움 없이 비교적 까다롭지 않은 편이며, 경우에 따라서는 입국 심사대에서 항공권의 출발 날짜를 묻기도 합니다.

세관 검사 역시 까다롭지는 않으며, 신고할 물품이 있는지 물어오는 경우 신고할 물품이 없다고 간단하게 답변하면 됩니다. 만약 항공편으로 보낸 짐이 함께 도착하지 않은 경우 당황하지 말고 공항 내의 짐 찾는 곳 근처에 있는 짐 분실 신고소 Reklamácia (레끌라마찌아)에서 본인의 수하물표를 제시합니다. 그러면 신고소 직원이 여러 짐 가방 유형의 사진이 있는 카탈로그를 보여주는데, 이 중 본인의 것과 가장 유사한 것을 말해주고 짐 가방 외관에 대해 간단히 설명하고 분실 신고하는 동시에 본인이 머물게 될 숙소와 전화 번호 등을 신고소에 반드시 알려주어야 합니다.

공항에서 시내로 들어가는 경우 공항에 있는 택시를 이용하거나 숙소나 시내에서는 전화로 콜택시를 불러 이용하는 방법이 있습니다.

콜택시 회사:
회사명 - Taxi Bratislava Profi a.s.
전화 번호 - 0903/ 768 666, 02/5341 9696, 16 222, 0905/ 768 666
팩스 번호 - 02/ 5341 9797
이메일- profitaxi@profitaxi.sk

회사명- A. Pikula Taxi
전화번호- 0905 263 051

회사명- Fun Taxi
전화번호- 0905 916 777

브라티슬라바 시내는 아담하고 아름다우며, 지하철은 없지만
버스나 전차가 운행됩니다. 차표는 신문, 잡지 등을 파는 상점
에서도 구입이 가능합니다.

비행기 안에서

슬로바키아 항공의 승무원들은 외국인 승객에게 기본
적으로 영어로 응대하지만, 다음의 몇 가지 간단한 슬
로바키아어 표현은 기내에서 사용해 보도록 합시다.

즐거운 여행 (비행)하시기 바랍니다!

Prajem vám príjemný let!

쁘라옘 밤 쁘리엠니 렛

좌석 위 수납공간에 이 가방을 넣어 주시겠어요?

Dáte túto tašku do police nad sedadlami?

다떼 뚜또 따슈꾸 도 뽈리쩨 나뜨 쎄다들라미

이 도자기/크리스탈을 어디다 놓아두면 될까요?

Kam môžem dať tento porcelán/krištáľ?

깜 무오쥄 닷 뗀또 뽀르쩰란/끄리슈딸

좌석을 바로 세워주시겠습니까? (앞 사람에게)

Prosím, môžete vyklopiť sedadlo?

쁘로씸 무오줴떼 비끌로삣 쎄다들로

담요 한 장 더 가져다 주시겠어요?

Môžem Vás poprosiť ešte o jednu prikrývku?

무오젬 바쓰 뽀쁘로씃 에슈떼 오 예드누 쁘리끄리우꾸

승객	cestujúci	쩨스뚜유찌
여승무원	letuška	레뚜슈까
남승무원	steward	스떼바르드
금연	Zákaz fajčenia	자까쓰 파이췌뉘야
베게	vankúš	방꾸슈

음료는 어떤 것이 있습니까?

Aké máte nápoje?

아께 마떼 나뽀예

맥주 마시겠습니다.

Dám si pivo.

담 씨 삐보

오렌지/멀티비타민 주스 주십시오.

Prosím si pomarančový/multivitamínový džús.

쁘로씸 씨 뽀마란쵸비 쥬쓰/물띠비따미노비 쥬쓰

레드/화이트 와인 주세요.

Prosím si červené/biele víno.

쁘로씸 씨 췌르베네/비엘레 비노

물 한 잔 가져다 주십시오.

Prosím, prineste mi pohár vody.

쁘로씸 쁘리네스떼 미 뽀하르 보디

얼음	ľad	랴뜨
물	voda	보다
안전벨트	bezpečnostný pás	베즈뻬츄노스뜨니 빠쓰
면세품 판매	bezcolný predaj	베스쫄니 쁘레다이
자리, 좌석	sedadlo	쎄다들로

닭고기로 하겠습니다./쇠고기로 하겠습니다.

Dám si kuracie mäso./Dám si hovädzie mäso.

담 씨 꾸라찌에 메쏘/담 씨 호베드지에 메쏘

헤드폰이 작동하지 않아요.

Sluchátka nefungujú.

슬루하뜨까 네풍구유

입국카드 작성하는 것 좀 도와주세요.
Pômožte mi prosím, vyplniť imigračnú
kartičku.
뿌오모슈뗴 미 쁘로씸 비쁠닛 이미그라츄누 까르띠츄꾸

비행기가 착륙하였습니다.

Lietadlo pristálo.

리에따들로 쁘리스딸로

안전벨트를 착용하여 주십시오.

Pripútajte sa prosím.

쁘리뿌따이뗴 싸 쁘로씸

출입국 심사

브라티슬라바 공항에 도착하는 경우 출입국 심사시 영어로도 의사소통이 가능하지만, 다음의 슬로바키아어 표현들을 활용해 볼 수 있습니다.

브라티슬라바에는 얼마나 머무실 건가요.

Ako dlho sa zdržíte v Bratislave?

아꼬 들호 싸 즈드르쥐떼 브 브라뛰슬라베

사나흘 머무를 겁니다.

Tri alebo štyri dni.

뜨리 알레보 슈띠리 드뉘

일 주일/이 주일/한 달간 머무를 계획입니다.

Plánujem zostať týždeň/dva týždne/mesiac.

쁠라누엠 조스땃 띠쥬덴/드바 띠쥬드네/메씨아쯔

방문 목적은 무엇입니까?

Aký je cieľ Vašej návštevy?

아끼 예 찌엘 바쒜이 나우슈떼비

관광입니다.

Turistika.

뚜리스띠까

여기 제 여권이 있습니다. Tu je môj cestovný pas. 뚜 예 무오이 쩨스또브니 빠쓰		
비자	vízum	비줌
목적	cieľ	찌엘
출장	služobná cesta	슬루죠브나 쩨스따
관광	turistika	뚜리스띠까

슬로바키아어 연수차 왔습니다.

Prišiel (Prišla) som na kurz slovenčiny.

쁘리쉬엘 (쁘리슐라) 쏨 나 꾸르스 슬로벤취니

회의차 왔습니다.

Prišiel (Prišla) som na konferenciu.

쁘리쉬엘 (쁘리슐라) 쏨 나 꼰페렌찌우

업무차 (출장) 왔습니다.

Som na služobnej ceste.

쏨 나 슬류조브네이 쩨스떼

브라티슬라바에서는 어디에 머무실 겁니까?

Kde budete bývať v Bratislave?

그데 부데떼 비밧 브 브라띄슬라베

두나이 호텔에 머물 겁니다.

Budem bývať v hoteli Dunaj.

부뎀 비밧 브 호멜리 두나이

짐 찾기

브라티슬라바 공항에 내려 입국 심사를 거쳐 짐을 찾
게 됩니다. 짐이 도착하지 않은 경우 신고해두면 숙소
까지 경찰이 직접 짐을 가져옵니다.

실례지만, 짐 찾는 곳이 어디입니까?

Prosím Vás, kde je tu výdaj batožín?

쁘로씸 바쓰 그데 예 뚜 비다이 바또쥔

저의 짐가방이 훼손되었습니다.

Moja batožina je poškodená.

모야 바또쥐나 예 뽀슈꼬데나

짐 분실 신고소가 어디에 있나요?

Kde môžem reklamovať batožinu?

그데 무오쥀 레끌라모밧 바또쥐누

제 짐이 도착하지 않았는데요.

Neprišla mi batožina.

네쁘리슐라 미 바또쥐나

어떠한 외관의 짐가방입니까?

Ako vyzerá Vaša batožina?

아꼬 비제라 바샤 바또쥐나

짐, 수하물	batožina	바또쮀나
수하물표	batožinový lístok	바또쮀노비 리스똑
위탁 수하물	odbavená batožina	오드바베나 바또쮀나
항공편 번호	číslo letu	취슬로 렛뚜
수하물 분실	strata batožiny	스뜨라따 바또쮀니

하드 수트케이스입니다. / 큰 배낭입니다.

Je to tvrdý kufor. / Je to veľký batoh.

예 또 뜨브르디 꾸포르 / 예 또 벨끼 바또흐

루프트한자/KLM 항공편을 이용했어요.

Letel(a) som Lufthansou/KLM.

레뗄(라) 쏨 루프트한조우/까엘엠

여기 제 수하물표가 있습니다.

Tu je môj batožinový lístok.

뚜 예 무오이 바또쮀노비 리스똑

여기 제 주소와 전화번호가 있습니다.

Tu je moja adresa a telefónne číslo.

뚜 예 모야 아드레싸 아 뗄레포네 취슬로

제 짐이 도착하는 즉시 배송해주세요.
Akonáhle priletí moja batožina, hneď mi ju
doručte.

아,꼬나흘레 쁘릴레뛰 모야 바또쮀나 흐네드 미 유 도루츄떼

세관에서

세관 신고는 복잡하지 않지만, 혹시 세관원이 짐을 보기를 원하는 경우에는 협조하는 것이 좋습니다.

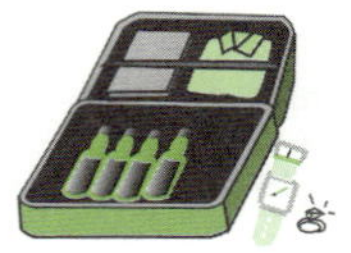

세관 신고 물품이 있습니까?

Máte niečo k precleniu?

마떼 뉘에쵸 끄 쁘레쯜레뉘우

아니오, 세관 신고 물품은 전혀 없습니다.

Nie, nemám nič k precleniu.

뉘에 네맘 뉘츄 끄 쁘레쯜레뉘우

짐을 열어 보여 주시겠습니까?

Môžete mi prosím otvoriť Vašu batožinu?

무오줴떼 미 쁘로씸 오뜨보릿 바슈 바또쥐누

이것은 저의 개인용품입니다.

To sú moje osobné veci.

또 쑤 모예 오쏘브네 베찌

친구들에게 줄 선물입니다.

To sú darčeky pre kamarátov.

또 쑤 다르췍끼 쁘레 까마라또우

환전

브라티슬라바 공항에서 급히 필요한 액수 정도는 환전하고, 나머지 비용은 은행이나 시내 곳곳에 있는 환전소를 이용하면 됩니다. 다만, 시내의 환전소는 수수료를 아주 많이 떼는 곳이 있으니 주의 깊게 살펴볼 필요가 있습니다.

실례지만, 환전소가 어디에 있습니까?

Prosím Vás, kde je tu zmenáreň?

쁘로씸 바쓰 그녜 예 뚜 즈메나렌느

환전수수료가 가장 적게 드는 곳이 어디입니까?

Kde môžem zameniť peniaze s minimálnymi poplatkami?

그녜 무오쳄 자메닛 뻬뉘아제 즈 미니말니미 뽀쁠라뜨까미

유로화를 슬로바키아 꼬루나로 환전하고 싶습니다.

Chcem si vymeniť euro za slovenské koruny.

흐쩸 씨 비메닛 에우로 자 슬로벤스께 꼬루니

달러를 슬로바키아 꼬루나로 환전하고 싶습니다.

Chcem si vymeniť doláre za slovenské koruny.

흐쩸 씨 비메닛 돌라레 자 슬로벤스께 꼬루니

달러를 유로화로 환전하고 싶습니다.

Chcel(a) by som si vymeniť doláre za eurá.

흐쩰(라) 비 쏨 씨 비메닛 돌라레 자 에우라

환전소	zmenáreň	즈메나렌느
환율표	kurzovný lístok	꾸르조브니 리스똑
환전 수수료	zmenárenské poplatky	즈메나렌스께 뽀쁠라드끼
지폐	bankovka	방꼬우까
동전	minca	민짜

잔돈으로 바꾸려 하는데요.

Potrebujem rozmeniť peniaze.

뽀뜨레부옘 로즈메닛 뻬뉘아제

은행이 몇 시에 문을 엽니까 (닫습니까)?

O koľkej otvárajú (zatvárajú) banku?

오 꼴께이 오뜨바라유 (자뜨바라유) 방꾸

여기서 여행자 수표 바꿀 수 있나요?

Môžem tu zameniť cestovné šeky?

무오쳄 뚜 자메닛 쩨드또브네 쉐끼

꼬루나를 유로화로 환전하고 싶습니다.

Chcem si vymeniť koruny za eurá.

흐쳄 씨 비메닛 꼬루니 자 에우라

환전 수수료는 얼마입니까?

Koľko sú zmenárenské poplatky?

꼴꼬 쑤 즈메나렌스께 뽀쁠라드끼

공항에서 호텔로

브라티슬라바 공항에는 택시들이 대기하고 있는데, 미리 주행 요금을 묻지 않고 탑승하는 경우 바가지 요금을 씌우는 경우가 있으니 조심하여야 합니다. 공항에서 전화로 콜택시를 요청할 수도 있습니다.

어디서 택시를 탈 수 있습니까?

Kde si tu môžem vziať taxík?

그데 씨 뚜 무오쳄 브지앗 딱씩

택시를 부르고 싶은데요.

Potrebujem si zavolať taxík.

뽀뜨레부옘 씨 자볼랏 딱씩

시간이 얼마나 걸립니까?

Ako dlho to bude trvať?

아꼬 들호 또 부데 뜨르밧

요금이 얼마나 나올까요?

Koľko stojí cesta?

꼴꼬 스또이 쩨스따

잠시만 기다려 주세요, 5분 후에 돌아올게요.

Počkajte chvíľu, vrátim sa o päť minút.

뽀츄까이떼 흐빌류 브라띰 싸 오 빽 미눗

택시 대기소	parkovisko taxíkov	빠르꼬비스꼬 딱씩꼬우
택시 미터기	taxameter	딱싸메떼르
시내, 도심	centrum	쩬뜨룸
왼쪽으로	doľava	돌랴바
오른쪽으로	doprava	도쁘라바

나는 두나이 호텔에 가려 합니다.

Idem do hotela Dunaj.

이뎀 도 호뗄라 두나이

차에다 짐을 실어주시겠습니까?

Môžete naložiť batožinu do auta?

무오줴뗴 날로쥣 바또쥐누 도 아우따

이 주소로 데려다 주십시오.

Zavezte ma prosím na túto adresu.

자베스뗴 마 쁘로씸 나 뚜또 아드레쑤

택시 요금을 과다하게 청구하시는군요!

Cesta sa mi zdá príliš drahá!

쩨스따 싸 미 즈다 쁘릴리슈 드라하

누가 공항에 마중 나오기로 했나요?

Príde vás niekto čakať na letisko?

쁘리뎨 바쏘 뉘에끄또 촤깟 나 레띄스꼬

호텔에서

슬로바키아, 특히 브라티슬라바는 관광도시로 숙박하려는 곳에 따라 가격이 매우 다양하며 아주 저렴하지는 않은 편입니다. 숙소는 여행하기 전에 미리 예약해 두는 것이 가장 편하고 안심이 되지만, 혹시 이것이 여의치 않을 경우 공항이나 기차역 등에 숙소와 환전 등을 담당하는 곳이 있으니 이곳에서 안내를 받으면 됩니다.

호텔 방의 서비스를 담당하는 룸메이드 chyžná [히쥬나]가 객실 손님의 시중을 들며, 이들에게 필요한 것을 부탁하는 경우 약간의 팁을 주기도 합니다. 브라티슬라바의 유명한 현대식 건물의 일류 호텔 이외에도 전통과 기품이 있는 옛 건축물의 특징을 그대로 살리고 편리함을 덧붙여 호텔로 활용하고 있는 시내 고급 호텔의 경우 예약시 혹은 투숙시 아름답고 고풍스런 전망이 있는 곳으로 미리 말하여 룸을 배정받을 수도 있습니다.

귀중품을 가지고 있는 경우 귀중품 보관함을 이용하여 도난이나 불미스러운 사건을 경험하는 일이 없도록 미연에 방지하도록 하며, 호텔 프론트 데스크 Recepcia [레쩹찌아] 등에서 관광 명소, 관광 관련 프로그램, 오페라나 콘서트 공연 예매, 고급 레스토랑 좌석 예약 등을 부탁할 수 있습니다.

환전하는 경우 호텔 내의 환전소나 은행이나 길거리의 환전소를 이용할 수 있는데, 각 환전소마다 환율이 조금씩 다릅니다.

체크인

여행을 떠나기 전에 가급적 다양한 정보를 접하여 숙소를 미리 여행사, 혹은 팩스나 이메일 등을 통해 예약 확인해 두는 것이 좋습니다.

여기에 방을 예약해 두었습니다.

Mám tu rezervovanú izbu.

맘 뚜 레제르보바누 이즈부

성함이 어떻게 됩니까?

Ako sa voláte, prosím?

아꼬 싸 볼라떼 쁘로씸

제 이름은 이루리입니다.

Volám sa Ru Ri LI.

볼람 싸 루 리 리

다 되었습니다.

Všetko je v poriadku.

프쉐뜨꼬 예 프 뽀리아뜨꾸

예약 확인되었습니다.

Vaša rezervácia je potvrdená.

바샤 레제르바찌아 예 뽀뜨브르데나

예약하다	rezervovať	레제르보밧
방 (룸)	izba	이즈바
여행사	cestovná kancelária	쩨스또브나 깐쩰라리아
리셉션 데스크	recepcia	레쩹찌아
이름/성 (姓)	meno / priezvisko	메노 / 쁘리에즈비스꼬

여행사를 통해 예약했습니다.
Nechal(a) som si objednať izbu cez cestovnú kaceláriu.
네할(라) 쏨 씨 옵예드낫 이즈부 쩨스 쩨스또브누 깐쩰라리우

당신의 방은 예약되어 있습니다.
Vaša rezervácia na izbu je v poriadku.
바샤 레제르바찌아 나 이즈부 예 프 뽀리아뜨꾸

몇 분이십니까?
Koľko je vás všetkých/dokopy?
꼴꼬 예 바쓰 프쉐뜨끼흐/도꼬삐

두/세/네 사람입니다.
Sme dvaja / traja / štyria.
즈메 드바야 / 뜨라야 / 슈띠리아

아파트형 숙소/호텔 스위트룸을 원합니다.
Chceme sa ubytovať v apartmáne/hotelovom apartmáne.
흐쩨메 싸 우비또밧 브 아빠르뜨마네/호 뗄로봄 아빠르뜨마네

싱글룸	jednoposteľová izba	예드노뽀스뗄료바 이즈바
더블룸	dvojposteľová izba	드보이뽀스뗄료바 이즈바
트윈룸	izba s dvoma samostatnými lôžkami	이즈바 즈 드보마 싸모스따뜨니미 루오슈까미
욕실	kúpeľňa	꾸뻴냐
필요하다	potrebovať	뽀뜨레보밧

싱글룸을 원합니다.

Chcem jednoposteľovú izbu.

흐쩸 예드노뽀스뗄료부 이즈부

더블(베드)룸을 원합니다.

Chceme dvojposteľovú izbu.

흐쩨메 드보이뽀스뗄료부 이즈부

트윈룸을 원합니다.

Chceme izbu s dvoma samostatnými lôžkami.

흐쩨메 이즈부 즈 드보마 싸모스따뜨니미 루오슈까미

욕실이 딸린 더블룸이 필요합니다.

Potrebujem dvojposteľovú izbu s kúpelňou.

뽀뜨레부옘 드보이뽀스뗄료부 이즈부 스 꾸뻴뇨우

멋진 전망이 있는 방을 원합니다.

Chceli by sme izbu s nádherným výhľadom.

흐쩰리 비 즈메 이즈부 스 나드헤르님 비흘랴돔

전망, 경치	výhľad	비흘랴뜨
조용한	tichý	띠히
묵다, 머무르다	zdržať sa	즈드르좟 싸
아침식사	raňajky	라냐이끼
하루 숙박료	cena za jednu noc	쩨나 자 예드누 노쯔

조용한 방을 원합니다.

Chcel(a) by som tichú izbu.

흐쩰(라) 비 쏨 띠후 이즈부

얼마나 머무실 겁니까?

Ako dlho sa zdržíte?

아꼬 들호 싸 즈드르쥐떼

이틀이나 삼일 정도요.

Dve alebo tri noci.

드베 알레보 뜨리 노찌

더블 (싱글)룸은 1박에 가격이 어떻게 됩니까?
Koľko stojí dvojposteľová (jednoposteľová)
izba na noc?
꼴꼬 스또이 드보이뽀스뗄료바 (예드노뽀스뗄로바) 이즈바 나 노쯔

5성급(4성급) 호텔에 숙박하고 싶습니다.

Chceme ubytovanie v päť(štvor)hviezdičkovom hoteli.

흐쩨메 우비또바늬에 프 뻿(슈뜨보르)흐비에즈뒤츄꼬봄 호뗄리

서비스료	ceny za služby	쩨니 자 슬루쥬비
세금	daň	단느
빈 방	voľná izba	볼나 이즈바
저렴한	lacný	라쯔니
포함하다	zahrňovať	자흐르뇨밧

요금에 조식, 봉사료와 세금이 포함되어 있습니까?

Sú v cene zahrnuté raňajky, obsluha a dane?

쑤 프 쩨녜 자흐르누떼 라냐이끼 옵슬루하 아 다네

빈 방 있습니까?

Máte nejaké voľné izby?

마떼 네야께 볼네 이즈비

방을 볼 수 있습니까?

Môžem sa pozrieť do izby?

무오쳄 싸 뽀즈리엣 도 이즈비

좀 더 저렴한 방은 없습니까?

Nemáte lacnejšiu izbu?

네마떼 라쯔네이쉬우 이즈부

좋습니다. 이 방을 쓰겠습니다.

Dobre, vezmem si túto izbu.

도브레 베즈멤 씨 뚜또 이즈부

숙박계	prihláška	쁘리흘라슈까
간이침대	prístelok	쁘리스뗄록
어린이 할인	zľava pre deti	즐랴바 쁘레 데뛰
룸 넘버	číslo izby	취슬로 이즈비
방을 비우다	uvoľniť izbu	우볼닛 이즈부

숙박계에 기입해 주십시오.

Vyplňte prosím, túto prihlášku.

비쁠늬떼 쁘로씸 뚜또 쁘리흘라슈꾸

간이 침대 하나 더 넣어 주실 수 있습니까?

Dáte nám prístelok do izby?

다떼 남 쁘리스뗄록 도 이즈비

어린이들은 할인이 적용됩니까?

Poskytujete zľavu pre deti?

뽀스끼뚜예떼 즐랴부 쁘레 데뛰

제 방은 몇 호실입니까?

Aké mám číslo izby?

아께 맘 취슬로 이즈비

몇 시까지 방을 비워야 합니까?

Dokedy mám uvoľniť izbu?

도께디 맘 우볼닛 이즈부

호텔 직원에게

호텔 직원들은 기본적으로 영어나 독일어를 구사하지만, 다음과 같은 표현을
슬로바키아어로 말해보는 것도 여행 중 느끼는 재미의 일부가 될 것입니다.

귀중품들을 보관해 주십시오.

Uschovajte prosím, tieto cenné veci.

우스호바이뗴 쁘로씸 뛰에또 쩨네 베찌

제 짐을 방으로 가져다 주시겠습니까?

Môžete odniesť moju batožinu do izby?

무오쭤뗴 오드뉘에스뜨 모유 바또쮜누 도 이즈비

그것은 저의 수트 케이스가 아닙니다.

To nie je môj kufor.

또 뉘에 예 무오이 꾸포르

호텔 객실에 금고 있나요?

Je v hotelovej izbe trezor?

예 브 호뗄로베이 이즈베 뜨레조르

아침식사는 어디에서 합니까?

Kde sa podávajú raňajky?

그데 싸 뽀다바유 라냐이끼

귀중품	cenné veci	쩨네 베찌
호텔 개인 금고	trezor	뜨레조르
비상구	núdzový východ	누드조비 비호드
목욕 수건	osuška	오쑤슈까
전압	elektrické napätie	엘렉뜨리쯔께 나뻬뛰에

레스토랑은 어디에 있습니까?

Kde je tu reštaurácia?

그뎨 예 뚜 레슈따우라찌아

비상구는 어디에 있습니까?

Kde je tu núdzový východ?

그뎨 예 뚜 누드조비 비호드

여기 어디서 인터넷 이용할 수 있습니까?

Je tu niekde internet?

예 뚜 뉘에그데 인떼르넷

목욕 수건을 가져다 주세요.

Prineste mi prosím, osušku.

쁘리네스뗴 미 쁘로씸 오쑤슈꾸

세탁 서비스가 필요합니다.

Potrebujem službu na bielizeň.

뽀뜨레부옘 슬루쥬부 나 비엘리젠느

룸 서비스

룸 서비스는 전화로 이용하거나 각 층을 담당하고 있는 룸메이드 chyžná (히쥬나)에게 부탁할 수 있습니다.

룸서비스 부탁합니다.

Zavolajte mi prosím, izbovú službu.

자볼라이떼 미 쁘로씸 이즈보부 슬루쥬부

호텔 보이를 어떻게 호출합니까?

Ako sa dá zavolať hotelová služba?

아꼬 싸 다 자볼랏 호뗄로바 슬루쥬바

호텔 보이를 방으로 보내주십시오.
Prosím, pošlite nám do izby niekoho z
hotelovej služby.
쁘로씸 뽀슐리떼 남 도 이즈비 뉘에꼬호 즈 호뗄로베이 슬루쥬비

객실에 커피 포트가 준비되어 있나요?

Je v izbe k dispozícii kávovar?

예 브 이즈베 그 디스뽀지찌이 까보바르

제게 온 무슨 메시지 같은 것 있습니까?

Máte pre mňa nejaký odkaz?

마떼 쁘레 믄냐 네야끼 오뜨까쓰

룸 서비스	izbová služba	이즈보바 슬루쥬바
호텔 서비스	hotelová služba	호뗄로바 슬루쥬바
모닝콜	budenie telefónom	부데뉘에 뗄레포놈
룸메이드	chyžná	히쥬나
미니바	minibar	미니바르

객실에서 외부 전화나 이동전화에 어떻게 통화합니까?

Ako sa dá zavolať z izby von na pevnú linku alebo na mobil?

아꼬 싸 다 자볼랏 즈 이즈비 본 나 뻬브누 링꾸 알레보 나 모빌

아침식사를 방에서 할 수 있습니까?

Môžem raňajkovať vo svojej izbe?

무오쳄 라냐이꼬밧 보 스보예이 이즈베

모닝콜로 아침 5시에 깨워주세요.

Chcem si objednať budenie telefónom na 5. ráno.

흐쳄 씨 옵예드낫 부데뉘에 뗄레포놈 나 삐아또우 라노

호텔 비즈니스 센터 어디 있어요?

Kde je v hoteli business centrum?

그데 예 브 호뗄리 비즈니스 쩬뜨룸

비누, 샴푸와 린스가 더 필요합니다.

Potrebujeme viac mydla, šampónu a kondicionéru.

뽀뜨레부예메 비아쯔 미들라 아 샴뽀누 아 꼰디찌오네루

최적의 환경에서 숙박하는 것이 무엇보다 편하지만 혹시 불편한 문제에 대한 시정을 요구할 경우 다음의 표현들이 도움이 될 것입니다.

방을 바꾸고 싶습니다.

Chcel(a) by som si vymeniť izbu.

흐쩰(라) 비 쏨 씨 비메닛 이즈부

룸키를 잃어버렸습니다.

Stratil(a) som kľúč od izby.

스뜨라띨(라) 쏨 끌류츄 오드 이즈비

에어컨이 고장입니다.

Klimatizácia nefunguje.

끌리마띠자찌아 네풍구예

라디오 (TV)가 작동하지 않습니다.

Rádio (Televízor) nefunguje.

라디오 (뗄레비조르) 네풍구예

욕실에 따뜻한 물이 나오지 않아요.

V kúpeľni netečie teplá voda.

프 꾸뻴뉘 네떼취에 떼쁠라 보다

에어컨	klimatizácia	끌리마띠자찌아
플러그	zástrčka	자스뜨르츄까
콘센트	zásuvka	자쑤우까
스위치	vypínač	비삐나츄
세면대	umývadlo	우미바들로

화장실 변기가 막혔어요. (세면대가 막혔어요)

Záchod nesplachuje. (Umývadlo je zapchaté)

자호뜨 네스쁠라후예 (우미바들로 예 자프하떼)

방을 청소해주시겠어요?

Môžete prosím, upratať izbu?

무오줴떼 쁘로씸 우쁘라땃 이즈부

침대시트를 갈아주세요.

Vymeňte prosím, prestieradlo.

비멘떼 쁘로씸 쁘레스뛰에라들로

램프에 불이 안 들어와요./샤워기가 안 되요.

Lampa nesvieti./Nedá sa osprchovať.

람빠 네스비에뛰/네다 싸 오스쁘르호밧

콘센트가 망가졌습니다.

Elektrická zásuvka je poškodená.

엘렉뜨리쯔까 자쑤우까 예 뽀슈꼬데나

104-105

체크아웃

슬로바키아의 호텔 체크아웃 시간은 보통 10~11시 사이입니다. 방을 제때 비우지 않으면 하루 더 숙박하는 것으로 간주되며, 숙박비가 추가됩니다.

여기서 하루 더 묵고 싶습니다.

Chceli by sme tu ostať o jeden deň dlhšie.

흐쩰리 비 즈메 뚜 오스땃 오 예덴 덴 들흐쉬에

잠시 후에 떠납니다./30분 후에 떠납니다.
Odchádzame o chvíľu./Odchádzame o pol hodiny.

오뜨하드자메 오 호뒤누/오뜨하드자메 오 뽈 호뒤니

공항-호텔간 셔틀 교통편을 제공하십니까?
Zaisťujete kyvadlovú dopravu medzi letiskom a hotelom?

자이스뜌예떼 끼바들로부 도쁘라부 메드지 레뛰스꼼 아 호뗄롬

미니바, 전화와 다른 부가 서비스 사용료 지불하려는데요.
Zaplatím za minibar, telefón a ďalšie doplnkové služby.

자쁠라띔 자 미니바르 뗄레폰 아 댤쉬에 도쁠느꼬베 슬루쥬비

유로화 여행자 수표도 받으세요?

Prijímate cestovné šeky v eurách?

쁘리이마떼 쩨스또브네 쉑끼 브 에우라흐

출발하다	odchádzať	오뜨하드잣
출발	odchod	오뜨호뜨
계산서 (영수증)	účet	우췟
크레디트 카드	kreditná karta	끄레디뜨나 까르따
현금으로 지불하다	zaplatiť v hotovosti	자쁠라뛰 브 호또보스뛰

체크아웃 계산서 준비해 주십시오.

Prosím, vystavte mi účet

쁘로씸 비스따우뗴 미 우췟

크레디트 카드로 지불할 수 있습니까?

Môžem zaplatiť kreditnou kartou?

무오줼 자쁠라뛰 끄레디뜨노우 까르또우

계산서에 착오가 있는 것 같은데요.

Myslím, že ste mi vystavili chybný účet.

미슬림 줴 스뗴 미 비스따빌리 히브니 우췟

택시를 불러 주십시오.

Zavolajte mi taxík, prosím.

자볼라이뗴 미 딱씩 쁘로씸

여기서 아주 잘 묵었습니다. 고맙습니다.

Veľmi sa mi tu páčilo. Ďakujem.

벨르미 싸 미 뚜 빠칠로 댜꾸옘

교통

주의사항 한 마디

슬로바키아는 교통 체계가 잘 이루어져 있으며, 브라티슬라바의 교통 체계도 이용하기 편하게 되어 있습니다. 시내에는 전차와 버스가 다니며, 야간 전차도 있어 밤 늦게 이용할 수 있으나 야간 전차는 배차 시간 간격이 매우 큰 편입니다.

전차나 버스 승차표는 쩨스또브니 리스똑 (cestovný lístok)이라고 하며, 10분, 30분 그리고 60분용 표로 구분되어 각각 요금이 산정됩니다. 주말과 휴일에는 30분 승차표는 45분간 이용가능하고, 60분 승차표는 90분간 이용 가능합니다. 차에 승차하자마자 검표기에 표를 넣고 찍어야 합니다. 버스나 전차는 각 정거장마다 표기된 시간표대로 정확히 시간을 엄수하여 운행합니다.

브라티슬라바에서 택시를 이용하는 경우 의외의 바가지 요금이 있을 수 있으니, 목적지까지의 요금을 사전에 미리 확실하게 알아보는 것이 무척 중요하며, 미리 요금을 흥정할 수도 있습니다. 원하는 경우 승객에게 택시 요금 영수증을 발행해 줍니다.
전차, 버스표는 공항에서 직접 구입하거나 MHD라고 표시된 곳 혹은 자동 판매기, 이외에도 신문, 잡지 등을 파는 가판대 혹은 담배가게 (trafika) 등에서 구입할 수도 있습니다. 차표를 구입하지 않고 무임승차한 경우 검표원에게 적발되면 창피를 당할 뿐더러

많은 벌금을 물어야 하니 유의하여야 합니다. 브라티슬라바 시내
에서 승차표를 구입할 수 있는 곳은 다음과 같습니다.

Hlavná stanica 중앙역 역앞의 건물	월-금 5:30-21:00 토 8:00-16:00
버스 터미널 Mlynské Nivy 1. poschodie (1층; 한국식으로는 2층)	월-금 6:00-18:00
기차역 Vinohrady 전차 정거장	월-금 7:00-15:00
호드죠보 광장 Hodžovo námestie 지하보도	월-금 6:00-19:00
옵호드나 가 (街) Obchodná ulica Forum 호텔 앞	월-금 9:30-17:30
노비 교 (橋) Nový most 버스 정류장	월-금 9:30-17:30
믈리나로비쵸바 가 (街) Mlynarovičova ulica	월-금 10:00-18:00
올레이까르스까 가 (街) Olejkárska ulica	월-목 10:00-18:00 금 7:30-15:30
뎨뜨비안스까 가 (街) Detvianska ulica 챠흐뛰쯔까 (Čachtická) 교차로	월, 화 7:00-15:00 수 7:00-17:30 목, 금 7:00-15:00
헤를리안스까 가 (街) Herlianska ulica	월-금 7:00-15:00
뜨르나프스께호 가(街) ulica M.Sch. Trnavského 브레스또우까 Brestovka	월-금 7:00-15:00

브라티슬라바의 기차역은 중앙역 Hlavná stanica (흘라브나 스따니짜)가 있는데, 이곳에서 국내선 및 국제선 기차를 이용할 수 있습니다. 국제선 기차나 국내선 기차의 운행 스케줄 (časový rozvrh; 좌쏘비 로즈브르흐)은 이 두 역의 인포메이션을 이용하면, 의뢰한 목적지에 대한 타임 스케줄을 프린트하여 줍니다.

브라티슬라바의 국제 공항인 슈떼파닉 공항 (Letisko M. R. Štefánika)은 시내에서 9km정도 떨어진 곳에 위치하고 있습니다. 브라티슬라바 공항에서 시내 중앙역까지 들어오는 경우 61번 공항버스를 이용하면 되는데, 이 노선은 05시-23시까지 운행됩니다. 피크타임에는 10분 간격으로 운행되며, 이 외의 시간에는 20분 간격으로 운행됩니다. 버스 티켓은 정류장 옆에 있는 코인 자판기에서 구입할 수 있습니다. 택시 대기소는 도착 로비 앞에 있으며 시내까지는 15-20분 정도가 소요됩니다.
비엔나 공항은 브라티슬라바에서 30km정도 떨어진 곳에 위치하고 있습니다. 브라티슬라바 공항에서 시내로 들어오기 위해서는 택시를 이용하면 됩니다. 택시 서비스를 신청하면, 브라티슬라바에서 기타 지역으로 출국하는 경우 비엔나, 프라하, 부다페스트 등의 국제 공항까지 이동 서비스를 제공해줍니다.

브라티슬라바를 관광하는 경우 도시 지도에 교통 수단 이동 경로와 번호가 함께 표기되어 있어 매우 유익합니다. 걸어서 멋진 관광지를 구경하거나 교통수단을 이용하는 것 모두 나름대로의 장점이 있지만, 브라티슬라바 관광 중 시간적 여유와 관심이 있다면, 가이드가 안내하는 관광 버스만이 아닌, 유람선을 타고 브라티슬라바를 가로질러 흐르는 두나이 (Dunaj; 도나우) 강의 잔잔하고 부드러운 아름다움을 즐기거나 야경의 환상적인 느낌을 포착하는 것도 운치 있는 여행의 일부가 될 것입니다. 

수도 브라티슬라바뿐만 아니라 슬로바키아 지방을 자동차, 기차, 버스 등을 타고 여행하다 보면 예술적인 감각과 역사의 흐름이 유감없이 드러나는 건축물 이외에도 끝없이 펼쳐진 잔잔한 평원과 부드러운 대자연은 여러분의 시선을 한없이 매료시킬 것입니다.

길 묻기

목적지를 찾기가 힘든 경우 슬로바키아인 두 세 명에게 물어 보면 친절히 가르쳐 줍니다. 길을 물을 때는 Kde je ~ (그데 예 ~ 찾는 곳)?으로 질문하시면 됩니다. 슬로바키아는 지도를 보고 길을 찾기가 쉽습니다.

브라티슬라바 지도를 어디서 구할 수 있습니까?

Kde sa dá dostať mapa Bratislavy?

그데 싸 다 도스땃 마빠 브라뛰슬라비

삽화가 있는 슬로바키아 가이드북을 사려고 합니다.

Chcem si kúpiť ilustrovaného sprievodcu po Slovensku.

흐쩸 씨 꾸뻿 일루스뜨로바네호 스쁘리에보뜨쭈 뽀 슬로벤스꾸

여기서 가장 가까운 전차 정거장이 어디입니까?

Kde je tu najbližšia zastávka električky?

그데 예 뚜 나이블리슈쉬아 자스따우까 엘렉뜨리츄끼

여기에서 중앙역이 멉니까?

Je Hlavná stanica odtiaľto ďaleko?

예 흘라브나 스따뉘짜 오뜨뛰알또 댤레꼬

여기서 얼마나 멉니까?

Ako je to odtiaľto ďaleko?

아꼬 예 또 오뜨뛰알또 댤레꼬

곧장, 직진해서	rovno	로브노
횡단보도	prechod	쁘레호뜨
교차로, 사거리	križovatka	끄리죠밧뜨까
입구	vchod	프호뜨
출구	východ	비호뜨

여기서 가려면 아주 멀어요.

Je to odtiaľto veľmi ďaleko.

예 또 오뜨뛰알또 벨미 댤레꼬

가까워요.

Je to blízko.

예 또 블리스꼬

걸어서도 갈 만한 거리인가요?

Dá sa tam ísť aj pešo?

다 싸 땀 이슷뜨 아이 뻬쑈

두나이 강변 근처에 분위기 좋은 카페 있나요?

Je niekde blízko Dunaja príjemná kaviareň?

예 뉘에그데 블리스꼬 두나야 쁘리옘나 까비아렌느

여기 어디에 화장실이 있습니까?

Sú tu niekde toalety?

쑤 뚜 뉘에그데 또알레띠

앞으로	dopredu	도쁘레두
앞에	vpredu	프쁘레두
뒤로	dozadu	도자두
뒤쪽에	vzadu	브자두
가운데에, 중앙에	uprostred	우쁘로스뜨레뜨

관광객들이 다녀가는 분위기 좋은 맥주집을 찾는데요.

Hľadám príjemné pohostinstvo, kam chodia aj turisti.

흘랴담 쁘리옘네 뽀호스뗸스뜨보 깜 호뒤아 아이 뚜리스뛰

실례지만, 경찰서가 어디에 있습니까?

Prosím Vás, kde je tu policajná stanica?

쁘로씸 바쓰 그뎨 예 뚜 뽈리짜이나 스따뉘짜

곧장/왼쪽으로/오른쪽으로 가십시오.

Choďte rovno/doľava/doprava.

호뛰떼 로브노/돌랴바/도쁘라바

실례지만, 시내까지 어떻게 갑니까?

Prosím Vás, ako sa dostanem do centra?

쁘로씸 바쓰 아꼬 싸 도스따넴 도 쩬뜨라

전차/버스 타고 가는 게 더 나을까요?

Mám ísť radšej električkou/autobusom?

맘 이슷드 라뜨쉐이 엘렉뜨리츄꼬우/아우또부쏨

길을 잃었을 때

길을 찾지 못하거나 길을 잃었을 경우에는 당황하지 말고 목적지 이름을 대며
물어보면 됩니다. 지도를 보여주며 지금의 위치를 알려달라고 하면 됩니다.

죄송하지만 저를 도와주실 수 있나요?

Pomohli by ste mi, prosím?

뽀모흘리 비 스뗴 미 쁘로씸

길을 잃었어요.

Zablúdil(a) som.

자블루딜(라) 쏨

이 거리의 이름이 무엇입니까?

Ako sa volá táto ulica?

아꼬 싸 볼라 따또 울리짜

쁘리마찌알네 광장 가려면 어느 길로 갑니까?

Ako sa dostanem na Primaciálne námestie?

아꼬 싸 도스따넴 나 쁘리마찌알네 나메스뛰에

(지도를 보여주며) 우리가 지금 어디에 있습니까?

Kde sa nachádzame na mape?

그뎨 싸 나하드자메 나 마뻬

길을 잃다	zablúdiť	자블루딧
거리	ulica	울리짜
여기에	tu	뚜
여기로, 이리로	sem	쎔
저기에, 저기로	tam	땀

이 길은 두나이 강을 향해 나 있습니까?

Vedie táto ulica smerom k Dunaju?

베뒈에 따또 울리짜 스메롬 그 두나유

나는 우리 여행 그룹을 잃어버렸습니다.

Stratil(a) som svoju skupinu.

스뜨라띨(라) 쏨 스보유 스꾸삐누

이비스 호텔까지는 어떻게 가야 합니까?

Ako sa dostanem do hotela Ibis?

아꼬 싸 도스따녬 도 호뗄라 이비쓰

나를 호텔까지 데려다 주지 않으시겠습니까?

Mohli by ste ma prosím, odprevadiť do hotela?

모흘리 비 스뗴 마 쁘로씸 오뜨쁘레바딧 도 호뗄라

저를 이 주소로 안내해주십시오.

Odprevaďte ma prosím, na túto adresu.

오뜨쁘레바뛰뗴 마 쁘로씸 나 뚜또 아드레쑤

전차, 버스 타기

브라티슬라바에는 지하철이 없지만 전차나 버스 등이 다닙니다. 대중 교통 수단용 티켓은 동일하며, 무인 자판기나 신문 가판대 등에서 티켓을 구입할 수 있습니다. 슬로바키아인들은 노약자에게 좌석을 양보하는 것을 중요하게 생각합니다.

여기 어디 전차 정거장이 있습니까?

Je tu niekde zastávka električky?

예 뚜 뉘에그데 자스따우까 엘렉뜨리츄끼

가장 가까운 버스 정거장이 어디 있습니까?

Kde je najbližšia autobusová zastávka?

그데 예 나이블리쥬쉬아 아우또부쏘바 자스따우까

어디서 차표를 살 수 있습니까?

Kde tu môžem kúpiť cestovné lístky?

그데 뚜 무오쥄 꾸뻿 쩨스또브네 리스뜨끼

야간 전차가 몇 분 간격으로 다닙니까?

V akých intervaloch jazdia nočné električky?

브 아끼흐 인떼르발로흐 야즈뒤아 노츄네 엘렉뜨리츄끼

이 버스/이 전차는 시내로 갑니까?

Ide tento autobus/táto električka do centra?

이데 뗀또 아우또부쏘/따또 엘렉뜨리츄까 도 쩬뜨라

차표	cestovný lístok	쩨스또브니 리스똑
전차	električka	엘렉뜨리츄까
방향	smer	스메르
밑에	dole	돌레
밑으로	dolu	돌루

(장소 명이나 지도를 가리키며) 이 버스가 이곳으로 갑니까?

Ide tento autobus na toto miesto?

이데 뗀또 아우또부쓰 나 또또 미에스또

여기서 몇 정거장이나 됩니까?

Koľko je to odtiaľto zastáviek?

꼴꼬 예 또 오뜨뛰알또 자스따비엑

1일 티켓을 사고 싶습니다.

Chcem si kúpiť cestovný lístok na jeden deň.

흐쩸 씨 꾸삣 쩨스또브니 리스똑 나 예덴 덴

어느 정거장에서 내려야 합니까?

Na ktorej zastávke mám vystúpiť?

나 끄또레이 자스따우께 맘 비스뚜삣

관광객용 2일/3일 티켓 주세요.

Turistický cestovný lístok na dva/tri dni, prosím.

뚜리스띠쯔끼 쩨스또브니 리스똑 나 드바/뜨리 드뉘 쁘로씸

택시 타기

슬로바키아의 택시 요금은 현지 물가에 비해 비싼 편이며, 길거리에서 택시를 타거나 콜택시 회사로 전화하여 부릅니다. 간혹 관광객들이나 외국인들에게 터무니없는 요금을 요구하기도 하는데 요금이 제대로 부과되는지 꼭 확인해야 하며, 타기 전에 미리 요금을 흥정하는 것도 좋습니다.

택시를 불러주십시오.

Zavolajte mi taxík, prosím.

자볼라이떼 미 딱씩 쁘로씸

어디서 택시를 잡을 수 있습니까?

Kde zoženiem taxík?

그데 조줴뉘엠 딱씩

어디로 모셔다 드릴까요?

Kam to bude, prosím?

깜 또 부데 쁘로씸

두나이 호텔까지 요금이 얼마나 나옵니까?

Aké je cestovné do hotela Dunaj?

야께 예 쩨스또브네 도 호뗄라 두나이

공항/중앙역으로 가 주십시오.

Choďte na letisko/Hlavnú stanicu, prosím.

호뛰떼 나 레뛰스꼬/흘라브누 스따뉘쭈 쁘로씸

택시 요금	jazdné	야즈드네
오른쪽으로	doprava	도쁘라바
오른쪽에	vpravo	프쁘라보
왼쪽으로	doľava	돌랴바
왼쪽에	vľavo	블랴보

이 주소로 데려다 주십시오.

Zavezte ma na túto adresu, prosím.

자베스뗴 마 나 뚜또 아드레쑤 쁘로씸

여기서 좌회전/우회전하십시오.

Tu zahnite doľava/doprava.

뚜 자흐뉘뗴 돌랴바/도쁘라바

똑바로 가십시오.

Choďte rovno.

호뛰뗴 로브노

여기에 세워 주세요.

Tu zastavte, prosím.

뚜 자스따우뗴 쁘로씸

잠시만 기다려 주세요. 10분 후에 돌아오겠습니다.

Počkajte chvíľu, o desať minút som späť.

뺙츄까이뗴 흐빌류 오 뎨쌋 미눗 쏨 스뺏

기차 여행

슬로바키아는 유럽의 중심에 놓여 있어 기차 여행을 하기도
좋습니다. 주말의 국내선과 여름철 여행 성수기의 국제선을
이용하는 경우 좌석 예매를 꼭 따로 해야 편하게 여행할 수
있습니다. 국제버스를 이용할 수도 있습니다.

슬로벤스끼 라이행 기차가 언제 출발합니까?

Kedy odchádza vlak do Slovenského Raja?

께디 오뜨하드자 블락 도 슬로벤스께호 라야

브라티슬라바–비엔나 왕복표 주세요.

Spiatočný lístok Bratislava-Viedeň, prosím.

스삐아또츄니 리스똑 브라뛰슬라바-비에뎬느 쁘로씸

기차를 타고 비소키 타트리에 가려고 하는데요.

Chcel(a) by som ísť vlakom do Vysokých Tatier.

흐쩰라 비 쏨 이슷뜨 블락꼼 도 비쏘끼흐 따뛰에르

슬로바키아 토카이 와인 산지에 가고 싶습니다.

Chceme ísť do slovenského Tokaja.

흐쩨메 이슷뜨 도 슬로벤스께호 또까야

일등칸 주세요./이등칸으로 주세요.

Chcem prvú triedu./Chcem druhú triedu.

흐쩸 쁘르부 뜨리에두/흐쩸 드루후 뜨리에두

왕복표	spiatočný lístok	스삐아또츄니 리스똑
편도표	jednosmerný cestovný lístok	예드노스메르니 쩨스또브니 리스똑
좌석표	miestenka	미에스뗑까
일등석	prvá trieda	쁘르바 뜨리에다
이등석	druhá trieda	드루하 뜨리에다

12세 이하의 어린이는 기차표 요금이 할인되나요?

Poskytujete pre deti do 12 rokov zľavnené cestovné?

뽀스끼뚜예뗴 쁘레 데뛰 도 드바나스뛰 로꼬우 즐랴브녜네 쩨스또브네

브라티슬라바에서 체르베니 까멘 성까지는 얼마나 걸립니까?

Ako dlho trvá cesta z Bratislavy na Hrad Červený kameň?

아꼬 들호 뜨르바 쩨스따 즈 브라띠슬라비 나 흐라뜨 췌르베니 까멘느

어느 플랫폼에서 브라티슬라바행 기차가 출발합니까?

Z ktorého nástupišta odchádza vlak do Bratislavy?

스 끄또레호 나스뚜삐슈땨 오뜨하드자 블락 도 브라띠슬라비

프라하행 기차표 예약하고 싶습니다.

Chcem si rezervovať lístok do Prahy.

흐쩸 씨 레제르보밧 리스똑 도 쁘라히

기차표를 변경하고 싶습니다.

Chcel(a) by som si vymeniť cestovný lístok.

흐쩰(라) 비 쏨 씨 비메닛 쩨스또브니 리스똑

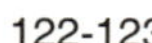

좌석 예약	rezervácia miesteniek	레제르바찌아 미에스뗴뉘엑
기차 타임 테이블	časový rozvrh	차쏘비 로즈브르흐
플랫폼	nástupište	나스뚜삐슈뗴
(기차) 도착	príchod	쁘리호뜨
(기차) 출발	odchod	오뜨호뜨

좌석표를 사려고 합니다.

Chcel(a) by som si kúpiť miestenku.

흐쩰(라) 비 쏨 씨 꾸삣 미에스뗑꾸

창측 좌석으로 주시겠습니까?

Môžem dostať miesto pri okne?

모우쳄 도스땃 미에스또 쁘리 오끄네

실례지만, 여기 빈 좌석입니까?

Prepáčte, je tu voľno?

쁘레빠츄뗴 예 뚜 볼노

(좌석표 등을 보여주며) 여기는 제 좌석인데요.

Myslím, že to je moje miesto.

미슬림 줴 또 예 모예 미에스또

어디서 (기차를) 갈아 타야 합니까?

Kde musím prestúpiť?

그뎨 무씸 쁘레스뚜삣

기차	vlak	블락
짐 보관소	úschovňa batožín	우스호브냐 바또쥔
코인 락커	úschovné skrinky	우스호브네 스끄링끼
기차의 식당차	jedálenský vozeň	예달렌스끼 보젠느
침대차	spací vozeň	스빠찌 보젠느

브라티슬라바-쥘리나 기차편 운행간격은 어떤가요?

Ako často premáva vlaková linka Bratislava-Žilina?

아꼬 촤스또 쁘레마바 블락꼬바 링까 브라뛰슬라바-쥘리나

짐 보관소가 어디에 있습니까?

Kde je tu úschovňa batožín?

그데 예 뚜 우스호브냐 바또쥔

코인 락커가 열리지 않습니다.

Úschovná skrinka sa nedá otvoriť.

우스호브뉘 스크르링까 싸 네다 오뜨보릿

기차가 연착하면 배상해줘야 하는 거 아닌가요.

Za meškanie vlaku by malo byť odškodné.

자 메슈까뉘에 블락꾸 비 말로 빗 오뜨슈꼬드네

기차를 놓쳤어요. 어떻게 해야 될지 모르겠네요.

Zmeškal(a) som vlak. Neviem čo mám robiť.

즈메슈깔(라) 쏨 블락 네비엠 쵸 맘 로빗

객차	vagón, vozeň	바곤, 보젠느
기차의 칸막이한 객실	kupé	꾸뻬
연착	meškanie	메슈까뉘에
(침대차의) 침대	lôžko	루오슈꼬
급행열차	rychlík (expres)	리흘릭(엑쓰쁘레쓰)

자리 좀 바꿔주시겠습니까?

Môžem si s Vami vymeniť miesto?

무오쳄 씨 스 바미 비메닛 미에스또

창문을 열어도 (닫아도) 될까요?

Môžem otvoriť (zavrieť) okno?

무오쳄 오뜨보릿 (자브리엣) 오끄노

얼마나 연착합니까?

Koľko bude meškanie?

꼴꼬 부데 메슈까뉘에

무심코 목적지를 지나쳤습니다.

Nevšimol som si, že som prešiel svoju zastávku.

네프쉬몰 쏨 씨 줴 쏨 쁘레쉬엘 스보유 자스따우꾸

여기서 기차가 얼마나 정차합니까?

Na ako dlho tu vlak zastaví?

나 아꼬 들호 뚜 블락 자스따비

슬로바키아는 내륙국가라 바다가 없지만, 브라티슬라바의 두나이 (Dunaj; 도나우)강을 따라 유람선을 타고 고즈넉한 도시 경관을 즐기는 것도 잊을 수 없는 추억의 일부가 될 것입니다.

두나이 강 유람선 선착장이 어디에 있습니까?

Kde je tu prístav vyhliadkových lodí na Dunaji?

그데 예 뚜 프리스따우 비흘리아뜨꼬비흐 로뒤 나 두나이

유람선 승선표는 어디에서 살 수 있습니까?

Kde si tu môžeme kúpiť lístky na vyhliadkovú loď?

그데 씨 뚜 무오쳄 꾸뻿 리스뜨끼 나 비흘리아뜨꼬부 로뒤

두나이강 유람선 관광에는 시간이 얼마나 소요됩니까?

Ako dlho trvá vyhliadková plavba loďou po Dunaji?

아꼬 들호 뜨르바 비흘리아뜨꼬바 쁠라브바 로됴우 뽀 두나이

승선은 언제합니까?

Kedy môžeme nastúpiť na loď?

께디 무오쮀메 나스뚜뻿 나 로뒤

점심/저녁 식사가 포함되는 두나이강 유람을 원합니다.

Chceme výlet loďou po Dunaji s obedom/večerou.

흐쩨메 빌렛 로됴우 뽀 두나이 스 오베돔/베쮀로우

비행기 여행

슬로바키아까지 가는 항로는 다양합니다. 슬로바키아에서 항공권을 구입할 경우 시간적 여유를 갖고 각 여행사별 가격차이를 알아보는 것이 좋습니다.

서울행 왕복 항공권 예약하고 싶습니다.

Chcem si rezervovať spiatočnú letenku do Soulu.

흐쩸 씨 레제르보밧 스삐아또츄누 레뗑꾸 도 쏘울루

언제 갔다 언제 오실 건가요?

Kedy chcete letieť tam a kedy naspäť?

께디 흐쩨뗴 레뛰엣 땀 아 께디 나스뻿

브라티슬라바/비엔나에서 출발하고 싶습니다.

Chcem odletieť z Bratislavy/Viedne.

흐쩸 오들레뛰엣 즈 브라뛰슬라비/비에드네

서울까지 편도 항공권을 예약하려고 하는데요.
Potrebujem si rezervovať jednosmernú letenku do Soulu.

뽀뜨레부옘 씨 레제르보밧 예드노스메르누 레뗑꾸 도 쏘울루

가장 저렴한 항공권은 매진되었습니다.

Najlacnejšie letenky sú vypredané.

나이라쯔네이쉬에 레뗑끼 쑤 비쁘레다네

비행기표	letenka	레뗑까
여행사	cestovná kancelária	쩨스또브나 깐쩰라리아
항공사	letecká spoločnosť	레떼쯔까 스뽈레츄노스뛰
공항세	letištná taxa	레뛰슈뜨나 딱싸
취소하다	stornovať	스또르노밧

1년 오픈 항공권을 구입하고 싶습니다.

Chcem si zakúpiť ročnú otvorenú letenku.

흐쩸 씨 자꾸삣 로츄누 오뜨보레누 레뗑꾸

투어리스트 클래스로 여행하려 합니다.

Chcel(a) by som cestovať turistickou triedou.

흐쩰(라) 비 쏨 쩨스또밧 뚜리스띠쯔꼬우 뜨리에도우

청소년 할인 항공권 가능합니까?

Ponúkate špeciálne ceny pre mládežníkov?

뽀누까떼 슈뻬찌알네 쩨니 쁘레 믈라데쥬뉘꼬우

비행 스케줄을 변경하고 싶습니다.

Rád (Rada) by som si zmenil(a) let.

라드(라다) 비 쏨 씨 즈메닐(라) 렛

프랑크푸르트를 거쳐 서울에 가고 싶습니다.

Chcem cestovať do Soulu cez Frankfurt.

흐쩸 쩨스또밧 도 쏘울루 쩨스 프랑끄푸르뜨

(비행기)출발	prílet	쁘릴렛
(비행기)도착	odlet	오들렛
직항편	priamy let	쁘리아미 렛
연결편	prípojový let	쁘리뽀요비 렛
수트케이스	kufor	꾸포르

서울–브라티슬라바 비즈니스 클래스는 얼마입니까?

Aká je cenová relácia byznys triedy Soul-Bratislava?

아까 예 쩨노바 렐라찌아 비즈니스 뜨리에디 쏘울-브라뛰슬라바

하루 늦게 (빨리) 출발하고 싶습니다.

Chcem letieť o deň neskôr (skôr).

흐쩸 레뛰엣 오 뎬 네스꾸오르 (스꾸오르)

대기자 명단에라도 넣어주시겠습니까?

Môžete ma zaradiť na čakaciu listinu?

무오줴떼 마 자라딋 나 촤까지우 리스띠누

항공권 예약 재확인하려는데요.

Potrebujem si potvrdiť let.

뽀뜨레부옘 씨 뽀뜨브르딋 렛

비행기표 예약을 취소하려고 합니다.

Potrebujem stornovať rezerváciu letenky.

뽀뜨레부옘 스또르노밧 레제르바찌우 레뗑끼

공항에서

공항 이용시 최소 출발 2시간 전까지는 공항에 도착해 있는 것이 좋습니다. 공항에서의 출국 수속을 마친 후 라운지에서 음료를 마시거나 사진도 찍고 면세점을 둘러보며 여행의 기념품이 될 만한 것을 구경하거나 구입하는 것도 재미있습니다.

서울행 비행기에 탑승합니다.

Letím do Soulu.

레띰 도 쏘울루

여권과 비행기표를 보여 주십시오.

Prosím si Vašu letenku a Váš pas.

쁘로씸 씨 바슈 레뗑꾸 아 바슈 빠쓰

창측 좌석을 원해요.

Chcem sedadlo pri okne.

흐쩸 쎄다들로 쁘리 오끄네

통로측 좌석을 원합니다.

Chcem sedadlo do uličky.

흐쩸 쎄다들로 도 울리츄끼

짐은 몇 개입니까? / 짐은 두 개입니다.

Koľko máte batožín? / Mám dve batožiny.

꼴꼬 마떼 바또쥔 / 맘 드베 바또쥐니

보딩 패스	palubná vstupenka	빨루브나 프스뚜뻼까
출발지	miesto odletu	미스또 오들레뚜
도착지	cielová destinácia	찌엘로바 데스띠나찌아
웨이팅 리스트	čakacia listina	촤까찌아 리스뛰나

초과 수하물 요금 poplatok za nadmernú hmotnosť 뽀쁠라똑 자 나드메르누 흐모뜨노스뛰

초과중량 수하물에 대해 얼마나 추가금을 지불해야 하나요?

Koľko mám zaplatiť poplatok za nadváhu batožiny?

꼴꼬 맘 자쁠라뛫 뽀쁠라똑 자 나드바후 바또쥐니

제 짐에 빨간색의 '파손주의' 표 붙여주세요.

Červenú nálepku 'Fragile' na batožinu, prosím.

췌르베누 날렙꾸 프래절 나 바또쥐누 쁘로씸

이 가방은 비행기 안에 가지고 갈 거예요.

Vezmem si túto tašku do lietadla.

베즈멤 씨 뚜또 따슈꾸 도 리에따들라

제 수하물은 최종 도착지까지 연결되는 거죠?

Bude moja batožina vybavená až do konečnej destinácie?

부뎨 모야 바또쥐나 비바베나 야쥬 도 꼬녜츄녜이 데스띠나찌에

게이트와 좌석 번호가 적힌 보딩 패스 여기 있습니다.

Tu je Vaša palubná vstupenka s číslom východu a sedadla.

뚜 예 바샤 빨루브나 프스뚜뻼까 스 취슬롬 비호두 아 쎄다들라

렌터카, 주유소, 수리

시간적 여유가 있고 자유로움을 즐긴다면 슬로바키아를 자동차로 여행하는 것도 흥미 만점입니다. 국제면허증을 소지하여야 하며, 시내 주행시 속도를 지키는 것이 중요합니다.

자동차를 렌트하려고 합니다.

Chcel(a) by som si požičať auto.

흐쩰(라) 비 쏨 씨 뽀쥐챶 아우또

이틀간 차를 렌트하고 싶습니다.

Chcel(a) by som si požičať auto na dva dni.

흐쩰(라) 비 쏨 씨 뽀쥐챶 아우또 나 드바 드니

하루 (일주일)에 얼마입니까?

Koľko to stojí na deň (týždeň)?

꼴꼬 또 스또이 나 뗀 (띠쥬뗀)

특별히 원하시는 브랜드가 있나요?

Prajete si nejakú obľúbenú značku?

쁘라예떼 씨 네야꾸 오블류베누 즈나츄꾸

렌터카 가격표를 볼 수 있겠습니까?

Môžem vidieť cenník vozov k prenájmu?

무오쥄 비뒤엣 쩨늭 보조우 끄 쁘레나이무

렌터카 서비스	požičovňa áut	뽀쥐쵸브냐아웃
가격표	cenník	쩨늬
국제 운전 면허증	medzinárodný vodičský preukaz	메지나로드늬 보뒤츄스끼 쁘레우까쓰
보험	poistenie	뽀이스떼뉘에
보증금	záloha	잘로하

가격이 사고시 보험도 포함하고 있습니까?

Zahrňujú ceny aj havarijné poistenie?

자흐르뉴유 쩨니 아이 하바리이네 뽀이스떼뉘에

보증금을 내야 합니까?

Musím platiť zálohu?

무씸 쁠라띳 잘로후

렌트하실 때 보증금을 내셔야 합니다.

Pri začiatku prenájmu požadujeme zálohu.

쁘리 자취아뜨꾸 쁘레나이무 뽀좌두예메 잘로후

여기 저의 국제 운전 면허증이 있습니다.

Tu je môj medzinárodný vodičský preukaz.

뚜 예 무오이 메드지나로드니 보뒤츄스끼 쁘레우까쓰

렌터카는 어디서 반납합니까?

Kde môžem vrátiť prenajaté auto?

그데 무오쳄 브라띳 쁘레나야떼 아우또

렌터카, 주유소, 수리

차고	garáž	가라슈
자동차키	kľúče od auta	끌루췌 오드 아우따
자동차 정비소	autoservis	아우또쎄르비쓰
휘발유, 가솔린	benzín	벤진
주유소	bezínová pumpa	벤지노바 뿜빠

여기서 가장 가까운 주유소가 어디에 있습니까?

Kde je tu najbližšia benzínová pumpa?

그데 예 뚜 나이블리쥬쉬아 벤지노바 뿜빠

자동차 휘발유가 떨어졌어요.

Došiel mi benzín.

도쉬엘 미 벤진

휘발유 가득 채워주세요.

Natankujte mi plnú nádrž, prosím.

나땅꾸이떼 미 쁠누 나드르슈 쁘로씸

어떤 걸로 주유하실 건가요?

Aký benzín chcete tankovať?

아끼 벤진 흐쩨떼 땅꼬밧

노말로 주유해 주십시오.

Natankujte Normal, prosím.

나땅꾸이떼 노르말 쁘로씸

안전벨트	bezpečnostný pás	베스뻬츄노스뜨니 빠쓰
사이드 미러	bočné zrkadlá	보츄네 즈르까들라
백미러	spätné zrkadlo	스뻬뜨네 즈르까들로
브레이크	brzda	브르즈다
냉각 장치	chladič	흘라뒤츄

슈퍼로 주유해 주십시오.

Natankujte Super, prosím.

나땅꾸이떼 쑤뻬르 쁘로씸

스페셜로 주유해 주십시오.

Natankujte Špeciál, prosím.

나땅꾸이떼 슈뻬찌알 쁘로씸

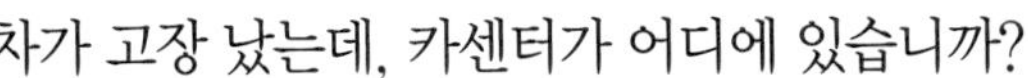

차가 고장 났는데, 카센터가 어디에 있습니까?

Auto má poruchu, kde je tu autoservis?

아우또 마 뽀루후 그뎨 예 뚜 아우또쎄르비쓰

엔진오일을 점검해 주시겠습니까?

Môžete mi skontrolovať motorový olej?

무오쮀떼 미 스꼰뜨롤로밧 모또로비 올레이

브레이크 좀 체크해주세요.

Skontrolujte mi brzdy, prosím.

스꼰뜨롤루이떼 미 브르즈디 쁘로씸

엔진오일	motorový olej	모또로비 올레이
악셀레이터	plyn	쁠린
타이어	pneumatika	쁘네우마띠까
방향등	smerové svetlá	스메로베 스베뜰라
배기관	výfuk	비푹

타이어의 공기압력을 측정해 주시겠습니까?

Môžete zmerať tlak pneumatík?

무오줴떼 즈메랏 뜰락 쁘네우마떡

와이퍼를 교환해 주십시오.

Vymeňte mi, prosím, stierače.

비멘느떼 미 쁘로씸 스뛰에라췌

타이어가 펑크났습니다.

Praskla mi pneumatika.

쁘라스끌라 미 쁘네우마띠까

타이어를 갈아야 할 필요가 있습니다.

Potrebujem vymeniť pneumatiku od auta.

뽀뜨레부옘 비메닛 쁘네우마띠꾸 오드 아우따

자동차 전조등이 나갔습니다.

Nesvietia mi predné svetlá.

네스비에뛰아 미 쁘레드네 스베뜰라

속도위반	prekročenie rýchlosti	쁘레끄로췌뉴에 리흘로스뛰
운전 면허증	vodičský preukaz	보취츄스끼 쁘레우까쓰
견인 서비스	odťahová služba	오뜨땨호바 슬루쥬바
완충장치	tlmič	뜰미츄
클러치	spojka	스뽀이까

펜벨트를 갈아주십시오.

Vymeňte, prosím, klinový remeň.

비멘느떼 쁘로씸 끌리노비 레멘느

부품이 있습니까?

Máte náhradné diely?

마떼 나흐라드네 뒤엘리

자동차 시동이 걸리지 않습니다.

Nejde mi naštartovať auto.

네이데 미 나슈따르또밧 아우또

자동차 배터리를 점검해 주십시오.

Skontrolujte mi prosím, autobatériu.

스꼰뜨롤루이떼 미 쁘로씸 아우또바떼리우

바퀴에 문제가 있는 것 같습니다.

Kolesá od auta nie sú v poriadku.

꼴레싸 오드 아우따 뉘에 쑤 프 뽀리아뜨꾸

와이퍼	stierač	스뛰에라츄
운전대, 핸들	volant	볼란뜨
차체 외각	karoséria	까로쎄리아
도로	vozovka	보조우까
고속도로	diaľnica	뒤알뉘짜

브레이크 액을 점검해 주십시오.

Skontrolujte mi prosím, brzdovú kvapalinu.

스꼰뜨롤루이떼 미 쁘로씸 브르즈도부 끄바빨리누

기어가 제대로 작동하지 않습니다.

Prevod nefunguje tak, ako má.

쁘레보드 네풍구예 딱 아꼬 마

클러치가 작동하지 않습니다.

Spojka nefunguje.

스뽀이까 네풍구예

여기에 주차해도 됩니까?

Môžem tu zaparkovať?

무오쥄 뚜 자빠르꼬밧

여기 어디에 주차장이 있습니까?

Je tu niekde parkovisko?

예 뚜 뉘에그떼 빠르꼬비스꼬

차 배터리	autobatéria	아우또바떼리아
부동액	nemrznúca kvapalina	네므르즈누짜 끄바빨리나
클랙션	klaksón	클락쏜
소음	hluk	흘룩
부품	náhradné diely	나흐라드네 뒤엘리

세차해 주십시오.

Umyte mi prosím auto.

우미떼 미 쁘로씸 아우또

클랙션이 작동하지 않습니다.

Nefunguje mi klaksón.

네풍구예 미 끌락쏜

차에서 소음이 납니다.

Niečo robí hluk.

뉘에쵸 로비 흘룩

뭐가 탁탁거리는 소리가 납니다.

Tlčie to.

뜰취에 또

부동액 있습니까?

Máte nejakú nemrznúcu kvapalinu?

마떼 네야꾸 네므르즈누쭈 끄바빨리누

식사

주의사항 한 마디

여행의 즐거움 중 하나는 여행하는 지역의 이국적인 요리를 맛보는 것입니다. 해외 여행을 하다 보면, 한국 음식 생각이 절로 나게 되긴 하지만, 슬로바키아 여행 중 이곳 음식이 낯설다는 생각에 한국 음식 혹은 중국, 일본 음식만 찾다 보면, 막상 슬로바키아에서만 맛볼 수 있는 이들의 독특한 음식을 접할 수 있는 기회가 아쉽게도 그만큼 줄어들게 됩니다.

전통적인 슬로바키아 음식은 슬라브식 전통에 헝가리, 오스트리아, 그리고 독일 요리의 영향이 혼재되어 있는 식문화로 이해할 수 있습니다. 슬로바키아 일상 요리는 다양한 종류의 수프, 데치거나 찐 야채, 굽거나 훈제한 고기류 그리로 유제품 등이 있습니다.
가장 잘 알려진 슬로바키아 수프는 까부스뜨뉘짜 (kapustnica)로 훈제한 돼지고기 소시지와 버섯을 곁들인 영양이 듬뿍 담긴 양배추 수프입니다. 이 수프는 흔히 슬로바키아 일상 요리이자 전통 요리인 브린드조베 할루슈끼 (Bryndzové halušky)와 곁들여 먹습니다. 브린조베 할루슈끼는 감자전분으로 만든 파스타와 양치즈 그리고 베이컨을 곁들여 만듭니다.

아침식사는 파이, 케이크 혹은 빵 등을 커피와 곁들여 먹습니다. 슬로바키아 커피는 터어키 커피처럼 보통 강한 편입니다. 점심 식사는 하루 중 가장 비중 있게 섭취하는데 수프와 따뜻한 메인 디쉬를 위주로 합니다. 저녁 식사는 통상적으로 흰 살코기나 야채류를 위주로 합니다. 식전에 슬로바키아인들은 다음과 같은 인사를 나누며 음식을 즐기는 기분을 서로 간에 한결 돋구어 줍니다.

Dobrú chuť! [도브루 훗뛰]
맛있게 드세요!

슬로바키아 음식 요리 방법은 각 지방마다 특색이 있습니다. 남부 슬로바키아 지역은 헝가리 요리에 유사하여 이 지역 사람들은 굴라쉬와 피망 (paprika; 빠쁘리까)으로 맛을 낸 요리를 즐깁니다. 슬로바키아 요리에는 밀가루로 만든 새콤달콤한 요리와 찐빵과 유사한 덤플링, 양배추 말이, 새콤하게 절인 야채 그리고 장기 보관용 과일 조림 등이 있습니다. 덤플링은 감자, 치즈 혹은 체리나 사과와 같은 재료들로 속을 채워 만들기도 합니다. 많은 가정에서는 손수 빵을 구워 만들기도 합니다. 슬로바키아는 내륙국가라 바다가 없습니다. 이런 이유로 어류도 송어나 잉어를 즐깁니다.

가장 유명한 슬로바키아의 디저트는 크레페의 일종인 빨라찡끼 (palacinky) 입니다. 잼, 아이스크림, 초콜릿 등을 곁들이거나 전유(全乳) 또는 일부 탈지한 고형 치즈인 파머 치즈 (tvaroh; 뜨바로흐)와 건포도를 곁들여 만들기도 합니다. 이 외에도 빨라찡끼는 아몬드, 초콜릿 소스와 생크림을 채워 만들기도 하는데 달콤하고도 입에서 사르르 녹기 때문에 많은 이들이 즐기는 디저트입니다.

흥미로운 점은 허니 케이크가 14세기에 슬로바키아에서 제조되기 시작했다는 것입니다. 17세기까지 허니 케이크 제조업자들의 길드가 브라티슬라바에 설립되어 있었습니다. 허니 케이크를 만드는 데는 하트, 말, 경기병, 아기 혹은 집 모양으로 섬세하게 깎은 목각 틀이 이용되었습니다.

슬로바키아인들은 맥주를 즐겨 마시는데, Zlatý bažant (즐라띠 바쫜뜨; 황금꿩이라는 의미)가 가장 인기 있으며, 슬로바키아어로 맥주를 pivo [삐보]라고 합니다. 또쁘바르 (Topvar)와 쪼르곤느 (Corgoň) 맥주 역시 유명하며 해외로 수출하고 있습니다. 다른 종류의 음료에는 드라이 진에 유사한 곱향나무 브랜디인 보로비츄까 (borovička)와 자두주인 슬리보비짜 (slivovica)가 있습니다. 슬로바키아 남동부 저지와 또까이 (Tokaj) 지역에서 생산되는 포도주와 브라티슬라바 지역에서 생산되는 발포(포도)주 역시 유명합니다. 슬로바키아의 많은 지역에서 생산되는 천연 광천수도 인기 있는 음료의 하나입니다. 브라티슬라바 곳곳에 맥주집 pohostinstvo [뽀호스뗸스뜨보]가 있어 시간과 여유만 있다면 갈증을 시원하게 달랠 수 있습니다.

시내 중심가의 슬로바키아 레스토랑은 가격이 비싼 곳이 많으며, 분위기 있는 곳도 많습니다. 시내를 조금만 벗어나도 슬로바키아 서민들이 맛보는 풍성한 음식들을 그리 비싸지 않은 가격에 접할 수 있습니다.

레스토랑에서 식사를 마친 후 계산할 때는 웨이터 (čašník; 촤슈뉘)나 웨이트레스(servírka; 쎄르비르까)에게 계산서 총액의 8-10%에 해당하는 일정량의 팁을 줍니다. 웨이터를 부를 땐 Prosím [쁘로씸]이라고 하거나, 남자 웨이터에겐 Pán hlavný [빤 흘라브니]라고 하시면 됩니다. 웨이터 팁을 줄 때는 To je pre Vás [또 예 쁘레 바쓰]라고 하면 됩니다.

간단하게 식사를 할 경우 혹은 단 것을 좋아하는 경우 아기자기하고 예쁘게 꾸며진 제과점 Cukráreň [쭈끄라렌느]에서 파이, 케이크, 오픈 샌드위치와 함께 다양한 차나 커피 등을 곁들여 마실 수도 있습니다. 

모든 나라는 크리스마스 저녁에 먹는 독특한 요리를 가지고 있기 마련입니다. 슬로바키아인들은 크리스마스 저녁에 먹는 요리는 메인 디쉬를 먹기 전에 꿀과 마늘 조각을 곁들여 살짝 구운 얇은 과자인 웨이퍼를 먹습니다.
크리스마스 저녁 식사는 두 종류의 메인 디쉬로 구성됩니다. 첫 번째 메인 디쉬는 새콤하게 절인 양배추, 버섯, 소시지를 곁들여 만든 양배추 수프인데, 이 수프에 넣는 다른 재료는 지방에 따라 차이가 있습니다.
두 번째 메인 디쉬는 잉어와 포테이토 샐러드입니다. 이 포테이토 샐러드는 감자를 네모조각으로 잘게 썰어 여기에 당근, 피클, 잘게 썬 완숙 계란, 마요네즈를 넣고 함께 섞어 만듭니다. 잉어는 빵가루를 입혀 튀깁니다.

메인 디쉬가 끝난 후 건포도와 양귀비 씨를 곁들여 구운 과자를 먹습니다. 그리고 나서 사과, 오렌지, 파인애플, 바나나 등의 과일이나 아몬드 그리고 다양한 종류의 케이크를 먹습니다. 이렇게 저녁 식사를 마친 후 슬로바키아인들은 크리스마스 선물을 풀어 보기 위해 크리스마스 트리로 가서 도란도란 모여 앉습니다.

크리스마스 외에도 슬로바키아인들에게 뜻깊은 명절은 부활절입니다. 슬라브 민족들 가운데 슬로바키아인들은 부활절을 대단히 독특하게 보내는 면을 가지고 있습니다. 종교적이고도 문화적 명절인 부활절은 부활절 직전의 일요일, 성 금요일, 성 토요일, 부활절 일요일, 그리고 부활절 월요일에 행사가 집중되어 있습니다.

부활절 직전의 일요일은 어린 학생들이 그들의 마을에서 사용될 꽃, 리본 등으로 장식하는 5월제의 기둥을 만들기 시작합니다. 어린 학생들은 5월제의 기둥에 장식할 지름 24인치의 화환을 만들어 가느다란 끈을 달아 기둥에 매달아 놓습니다. 이 가느다란 끈은 속을 비워 갖가지 색을 칠한 수많은 계란으로 장식합니다. 색색의 종이들을 길게 잘라 5월제 기둥에 매달아 슬라브 문화에서 발견되는 다양한 색상들이 나부끼게 됩니다.

성 금요일에 이어 슬로바키아인들은 성 토요일도 기념합니다. 성 토요일의 대분분은 부활절 준비 막바지에 이르게 되는데 가족들이 모두들 함께 모여 식사를 즐깁니다. 이 시기에 분주하게 빵을 굽는 주부들을 많이 볼 수 있는데, 부활절에 먹는 빵은 40 일간의 엄격한 금식 기간을 보내고 부족했던 영양소를 보충할 수 있는 재료들로 만들어집니다.

부활절을 기념하여 굽는 이 빵은 '달콤한' 맛을 갖는 것이 특징이며, 계란, 밀가루, 효모, 소금, 우유, 건포도, 아몬드, 당의 (糖衣) 등을 재료로 하여 만듭니다. 이 빵은 성 토요일 정오 금식일이 끝날 때까지 보관해 두며 부활절 일요일에 햄, 계란, 피클 그리고 양고추 냉이를 곁들여 먹게 됩니다. 부활절에 먹는 다른 음식으로는 훈제한 베이컨, 부드러운 치즈, 그리고 색을 입힌 계란 들이 있습니다.

부활절 계란과 부활절 토끼에 관련된 많은 전통이 슬로바키아에서도 발견되는데, 부활절 계란을 만드는 것은 오늘날까지도 중요하게 여겨지는 수백 년이나 이어져 내려온 전통이며 부활절 계란은 생명의 상징으로 인식됩니다. 계란을 장식하는 것은 각 지역의 자부심을 표현하는 문제로서 거의 예술의 형태에 근접해 있습니다. 계란은 보통 손으로 채색하는데 수채화용 물감, 천연 음식 재료 그리고 밀랍 등을 사용합니다.

부활절 회초리를 만드는 것 역시 부활절 월요일 전통의 하나입니다. 부활절 회초리 풍습은 세대를 이어온 전통의 하나인데, 잘 휘어지는 버드나무 가지로 소위 꼬르바 (korba)라는 부활절 회초리를 만듭니다.
전통에 따라 모든 소년이나 청년들은 자신만의 부활절 회초리

주의사항 한 마디

꼬르바가 있습니다. 이 회초리는 소녀, 아가씨들의 종아리를 부활절에 살짝 때리기 위해 사용됩니다. 회초리에 살짝 맞은 후 소녀들은 채색된 계란과 회초리에 장식할 리본, 사탕, 과자 등을 회초리를 든 청년들에게 주게 됩니다. 슬로바키아의 대부분의 지역들에서는 청년들이 향수를 가지고 다닙니다. 회초리로 살짝 때린 후 청년들은 소녀들에게 향수를 가볍게 뿌려줌으로써 그치게 됩니다.

다른 지역에서는 가족들 단위로 이 회초리 풍습을 즐기는 곳도 있는데, 집안의 부모님이 부활절에 초콜릿이나 계란 장식을 요구하는 자신의 딸의 치마나 바지를 회초리로 살짝 때리는 풍습이 있습니다. 이러한 부활절의 풍습은 봄에 생명의 부활, 자연과의 합일의 표현 그리고 건강, 부 그리고 행운의 축복을 나누는 것으로부터 기원합니다. 회초리 가지가 젊음과 아름다움을  소유하는 데 사용되었다는 회초리 가지에 얽힌 전설은 소녀들에게 회초리를 접하게 하는 풍습으로 전이되었습니다.

슬로바키아의 다양한 전통은 이곳 사람들의 주요한 생활 양식의 일부입니다. 이러한 전통은 슬로바키아인들을 과거와 하나로 묶어주며 가족과 미래를 연결하는 공통의 요소로서 기능하고 있습니다. 이러한 부활절 풍습은 그들의 지역과 민속적인 과거의 독특한 유산을 보존하는 것이며, 슬라브적 전통과 문화의 초점이 되는 근본 이념입니다. 이러한 풍습들이 계속적으로 살아있게 될 것인가에 대한 논의도 있기는 하지만, 슬로바키아에서 시작된 많은 부활절 풍습들이 다른 나라들의 부활절 풍습에 영향을 끼쳤다는 것은 의심의 여지가 없습니다.

레스토랑 찾기

슬로바키아에는 다양한 유럽식, 동양식 레스토랑이 있습니다. 슬로바키아 여행 중 무엇보다도 현지 음식과 맥주, 와인의 풍미를 즐기는 것도 큰 즐거움의 하나입니다.

점심/저녁 먹으러 우리 어디로 갈까요?

Kam pôjdeme na obed/večeru?

깜 뿌오이데메 나 오베뜨/베췌루

근사한 재즈클럽은 어디 있나요?

Kde nájdem skvelý džezový klub?

그데 나이뎀 스끄벨리 드췌조비 끌룹

여기 어디에 한국/중국/일본 레스토랑이 있습니까?
Je tu niekde kórejská/čínska/japonská
reštaurácia?

예 뚜 뉘에그데 꼬레이스까/췬스까/야뽄스까 레슈따우라찌아

여기 가까운 곳에 슬로바키아 전통 레스토랑이 있나요?

Je tu blízko typická slovenská reštaurácia?

예 뚜 블리스꼬 띠삐쯔까 슬로벤스까 레슈따우라찌아

여기 가까운 곳에 피제리아가 있습니까?

Je tu blízko nejaká pizzéria?

예 뚜 블리스꼬 녜야까 삐제리아

음식	jedlo	예들로
슬로바키아 음식(요리)	slovenská kuchyňa	슬로벤스까 꾸히냐
저녁식사	večera	베췌라
점심식사	obed	오베드
아침식사	raňajky	라냐이끼

술 친구들 자주 만나세요?

Stretávate sa často s kamarátmi z mokrej štvrte?

스뜨레따바떼 싸 차스또 스 까마라뜨미 즈 모끄레이 슈뜨브르떼

데일리 런치 메뉴는 몇 시부터 서빙됩니까?

Od koľkej hodiny sa podáva denné obedové menu?

오뜨 꼴께이 호뒤니 싸 뽀다바 데네 오베도베 메니

슬로바키아 음식이 제 입맛에 맞아요.

Slovenské jedlo mi chutí.

슬로벤스께 예들로 미 후뛰

나는 한국 음식이 그리워요.

Cnie sa mi po kórejskom jedle.

쯔뉘에 싸 미 뽀 꼬레이스꼼 예들레

매운 음식이 먹고 싶어요.

Mám chuť na pálivé jedlá.

맘 훗뜨 나 빨리베 예들라

유리잔	pohárik	뽀하릭
채식주의자	vegetarián(ka)	베게따리안(까)
식당	reštaurácia	레슈따우라찌아
물	voda	보다
얼음	ľad	랴뜨

점심 먹으러 갑시다.

Poďme na obed.

뽀뒈메 나 오베뜨

한잔하러 갑시다. / 맥주 마시러 갑시다.

Poďme na pohárik / Poďme na pivo.

뽀뒈메 나 뽀하릭 / 뽀뒈메 나 삐보

(가리키며) 저 남자 (여자)분이 먹는 걸로 주시겠어요?

Môžem dostať to čo on (ona)?

무오쳄 도스땃 또 쵸 온 (오나)

나는 쇠고기/돼지고기를 좋아합니다.

Mám rád (rada) hovädzie mäso / bravčové mäso.

맘 라드 (라다) 호베지에 메쏘/브라우쵸베 메쏘

나는 고기 요리나 훈제 소시지 요리를 안 먹습니다.

Nejem jedlo z mäsa alebo údeniny.

녜옘 예들로 즈 메싸 알레보 우데뉘니

식사 대접

슬로바키아에서만 맛볼 수 있는 현지 전통 음식을 통해 그들의 문화를 체험하는 것도 설레는 여행의 발견 중 하나입니다.

점심/저녁 식사에 당신을 초대합니다.

Rád(Rada) by som Vás pozval(a) na obed/večeru.

라드(라다) 비 쏨 바쓰 뽀즈발(라) 나 오베뜨/베췌루

많이 드십시오! 맛있게 드십시오! (식전 인사말)

Dobrú chuť!

도브루 훗뛰

몸이 훈훈해지게 위스키/보드카 한잔합시다.

Dáme si pohárik whisky/vodky, aby sme sa zahriali.

다메 씨 뽀하릭 위스끼/보뜨끼 아비 즈메 싸 자흐리알리

모두 무척 맛있군요.

Všetko mi veľmi chutí.

프쉐뜨꼬 미 벨미 훗뛰

이건 정말 맛이 훌륭하군요.

To má vynikajúcu chuť.

또 마 비뉘까유쭈 훗뛰

예약 및 자리 찾기

분위기 있는 고급 레스토랑이나 외국인들이 많이 찾는 인기 있는 레스토랑의 경우 사전 예약을 하는 것이 좋으며, 식당입구에서는 웨이터의 안내를 받아 좌석에 앉도록 합니다.

두 (네) 사람이 앉을 만한 빈 테이블 있습니까?

Máte voľný stôl pre dve (štyri) osoby?

마떼 볼니 스뚜올 쁘레 드베 (슈띠리) 오쏘비

죄송하지만, 지금은 빈 자리가 없습니다.

Bohužiaľ, momentálne nemáme žiadne voľné miesto.

보후쥐알 모멘딸네 녜마메 쥐아드네 볼네 미에스또

테라스에 있는 테이블에 앉고 싶은데요.

Chceme si sadnúť k stolu na terase.

흐쩨메 씨 싸드눗 끄 스똘루 나 떼라쎄

이루리라는 이름으로 예약을 해 두었습니다.

Máme rezerváciu na meno Ru Ri LI.

마메 레제르바찌우 나 메노 루 리 리

창가 쪽에 빈 테이블 있습니까?

Máte voľný stôl pri okne?

마떼 볼니 스뚜올 쁘리 오끄네

주문하기

관광객이 주로 찾는 중심가의 레스토랑에는 영문 메뉴판이 함께 구비되어 있는 곳이 많습니다. 웨이터에게 슬로바키아 전통요리를 추천해 달라고 하는 것도 좋은 방법이며, 식사 후에는 일정량의 팁을 지불합니다.

웨이터! 메뉴 부탁합니다.

Pán hlavný! jedálny lístok, prosím.

빤 흘라브니 예달니 리스똑 쁘로씸

주문하시겠습니까?

Čo si objednáte?

쵸 씨 옵예드나떼

어떤 슬로바키아 전통음식을 추천해 주시겠어요?

Aké typické slovenské jedlo nám odporučíte?

아께 띠삐쯔께 슬로벤스께 예들로 남 오뜨뽀루취떼

음료는 뭘로 드시겠습니까?

Čo si dáte na pitie?

쵸 씨 다떼 나 삐뛰에

음료 메뉴판 있습니까?

Máte nápojový lístok?

마떼 나뽀요비 리스똑

메뉴	jedálny lístok	예달니 리스똑
음식	jedlo	예들로
배가 고픕니다	Som hladný/hladná	쏨 흘라뜨니/흘라드나
목이 마릅니다	Som smädný/smädná	쏨 스메드니/스메드나
맥주	pivo	삐보

생맥주 주세요.

Dáme si čapované pivo.

다메 씨 촤뽀바네 삐보

레드/화이트 와인 두 잔 부탁합니다.

Prosíme si dvakrát červené/biele víno.

쁘로씨메 씨 드바끄랏 췌르베네/비엘레 비노

얼음 넣은 미네랄 워터 (비탄산수) 주세요.

Minerálku (Neperlivú vodu) s ľadom, prosím.

미네랄꾸 (네뻬를리부) 보두 스 랴돔 쁘로씸

전채 요리로 어떤 것이 있습니까?

Aké máte predjedlo?

아께 마떼 쁘레드예들로

맑은 쇠고기 수프를 주세요.

Dáme si hovädzí vývar.

다메 씨 호베드지 비바르

본요리	hlavné jedlo	흘라브네 예들로
쇠고기	hovädzie mäso	호베드지에 메쏘
돼지고기	bravčové mäso	브라우쵸베 메쏘
미네랄 워터	minerálka	미네랄까
수프	polievka	뽈리에우까

양파/마늘 수프를 주세요.

Dám si cibuľovú/cesnakovú polievku.

담 씨 찌불료부/쩨스낙꼬부 뽈리에우꾸

돼지 무릎살 구이를 먹겠습니다./그릴한 생선을 먹겠습니다.

Dám si pečené bravčové koleno./Dám si
grilovanú rybu.

담 씨 뻬췌네 브라우쵸베 꼴레노/담 씨 그릴로바누 리부

주방장 특선 요리로는 무엇이 있습니까?

Akú máte špecialitu šéfkuchára?

아꾸 마떼 슈뻬찌알리뚜 쉐프꾸하라

돼지고기 커틀렛과 삶은 감자를 주문할게요.

Dám si vyprážaný rezeň s varenými zemiakmi.

담 씨 비쁘라좌니 레젠느 스 바레니미 제미악끄미

스테이크는 웰던 (미디움/래어)으로 해주세요.

Prosím si biftek dobre prepečený (stredne
prepečený/krvavý).

쁘로씸 씨 비프떽 도브레 쁘레뻬췌니 (스뜨레드녜 쁘레뻬췌늬/끄르바비)

설탕	cukor	쭈꼬르
소스	omáčka	오마츄까
건배!	Na zdravie!	나 즈드라비에
원샷!	Do dna!	도 드나
아이스크림	zmrzlina	즈므르즐리나

닭 가슴살이나 닭 다리 요리 있습니까?

Máte kuracie prsia alebo stehno?

마떼 꾸라찌에 쁘르씨아 알레보 스떼흐노

매운 소스를 가져다 주세요.

Prineste mi prosím, pálivú omáčku.

쁘리네스떼 미 쁘로씸 빨리부 오마츠꾸

소금과 후추를 가져다 주세요.

Prinieste mi prosím, soľ a korenie.

쁘리뉘에스떼 미 쁘로씸 쏠 아 꼬레뉘에

커피나 디저트 뭐 드시겠습니까?

Dáte si kávu alebo nejaký dezert?

다떼 씨 까부 알레보 네야끼 데제르뜨

아이스크림과 생크림을 곁들인 팬케이크 두 개 주세요.
**Dvakrát palacinku so zmrzlinou a
šlahačkou, prosím.**

드바끄랏 빨라찡꾸 쏘 즈므르즐리노우 아 슐랴하츄꼬우 쁘로씸

하나 더, 한번 더	ešte raz	에슈떼 라쓰
맥주집	pohostinstvo	뽀호스뜀스뜨보
와인바	vináreň	비나렌느
맛있는	chutný	후뜨니
배부른	prejedený/prejedená	쁘레예데니/쁘레예데나

커피를 마시겠습니다/과일차/허브차/녹차 마시겠습니다.

Dám si kávu./Dám si ovocný/bylinkový/zelený čaj.

담 씨 까부/담 씨 오보쯔니/빌링꼬비/젤레니 챠이

남은 음식은 쿠킹 호일에 싸주세요.

Zabaľte zbytok jedla do alobalu, prosím.

자발떼 즈비똑 예들라 도 알로발루 쁘로씸

달콤한 것이 너무너무 먹고 싶어요.

Mám neodolateľnú chuť na sladké.

맘 네오돌라뗼누 훗뛰 나 슬라뜨께

음식이 다 아주 맛있었습니다.

Všetko mi veľmi chutilo.

프쉐뜨꼬 미 벨미 후띨로

너무 배가 불러서 더는 먹을 수가 없어요.

Som strašne prejedený a viac jesť už nemôžem.

쏨 스뜨라슈네 쁘레예데니 아 비아쯔 예스뜨 우쥬 네무오쥄

식당에서의 불만

슬로바키아 레스토랑에서 외국어로 주문하다 보면 간혹 오해가 생기거나 서비스에 불만족스러운 경우가 생길 수 있는데, 다음의 표현들을 활용하시면 됩니다.

이건 내가 주문한 음식이 아니에요.

Neobjednal(a) som si toto jedlo.

네옵예드날(라) 쏨 씨 또또 예들로

다른 자리를 주십시오.

Chceme si sadnúť k inému stolu.

흐쩨메 씨 싸드눗 그 이네무 스똘루

깨끗한 나이프/포크/스푼을 가져다 주십시오.

Prineste mi prosím, čistý príbor.

쁘리네스떼 미 쁘로씸 취스띠 쁘리보르

여기 유리잔 (접시)이 없어요.

Tu chýba pohár (tanier).

뚜 히바 뽀하르 (따니에르)

음식이 차요.

Jedlo je studené.

예들로 예 스뚜데네

포크	vidlička	비들리츄까
나이프	nôž	누오슈
스푼	lyžica	리쥐짜
재떨이	popolník	뽀뽈늭
깨끗한	čistý	취스띠

고기가 너무 딱딱하고 질깁니다.

Mäso je príliš tuhé a húževnaté,

메쏘 예 쁘릴리슈 뚜헤 아 후줴브나떼

생선이 제대로 익지 않았어요. (고기가 익지 않았어요)

Ryba nie je dovarená (Mäso nie je dopečené).

리바 뉘에 예 도바레나 (메쏘 뉘에 예 도뻬췌네)

고기를 너무 익혔습니다.

Mäso je príliš prepečené.

메쏘 예 쁘릴리슈 쁘레뻬췌네

이것은 너무 짭니다 (씁니다/십니다/답니다).

To je príliš slané (horké/kyslé/sladké).

또 예 쁘릴리슈 슬라네 (호르께/끼슬레/슬라뜨께)

고기는 누린내가 나고 샐러드는 싱싱하지 않아요.

Mäso páchne a šalát nie je čerstvý.

메쏘 빠흐네 아 샬랏 뉘에 예 췌르스뜨비

계산

음식을 주문한 웨이터에게 계산하며, 작은 감사의 표시로 식사비의 8~10%정도의 팁을 지불하면 됩니다. 계산서 내역은 꼼꼼히 살피는 것이 좋습니다.

웨이터, 지불하겠습니다.

Pán hlavný, zaplatíme.

빤 흘라브니 자쁠라뛰메

함께 계산합니다./각자 따로 계산합니다.

Platíme spolu./Platíme osobitne.

쁠라뛰메 스쁠루/쁠라뛰메 오쏘비뜨네

이 레스토랑을 친구들에게 추천하고 싶어요.

Chcem odporučiť túto reštauráciu kamarátom.

흐쩸 오뜨뽀루첫 뚜또 레슈따우라찌우 까마랏똠

잔 돈은 그냥 가지세요. (팁 줄 때)

To je pre Vás.

또 예 쁘레 바쓰

계산서에 오류가 있습니다.

Vydali ste mi chybný účet.

비달리 스떼 미 히브니 우쳇

간이 식당에서

시간도 좀 더 아끼고 슬로바키아의 서민적인 맛을 느끼고 싶다면 슬로바키아
의 간이식당을 이용하는 것도 재미있는 경험이 될 것입니다.

구운 닭고기 한 마리 주세요.

Dajte mi prosím, pečené kura.

다이떼 미 쁘로씸 뻬췌네 꾸라

사과 (오렌지) 주스 한 잔 주세요.

Jablkový džús (pomarančový džús), prosím.

야블꼬비 쥬쓰 (뽀마란쵸비 쥬쓰) 쁘로씸

햄과 치즈가 든 오픈 샌드위치 주세요.

Prosím si obložený chlebíček so šunkou a syrom

쁘로씸 씨 오블로줴니 흘레비췍 쏘 슝꼬우 아 씨롬

핫도그 주세요.

Párok v rožku, prosím.

빠록 브 로슈꾸 쁘로씸

햄버거 두 개 포장해 주세요.

Dva hamburgery so sebou, prosím.

드바 함부르게리 조 쎄보우 쁘로씸

Jedálny lístok (예달니 리스똑) 메뉴

Polievka (뽈리에우까) 수프

Cibuľová polievka (찌불료바 뽈리에우까) 양파 수프

Cesnaková polievka (쩨스나꼬바 뽈리에우까) 마늘 수프

Hovädzí vývar so zeleninou a mäsom

호베지 비바르 쏘 젤레뉘노우 아 메쏨

    야채와 고기를 넣은 쇠고기 수프

Slepačia s mäsom a rezancami

슬레빠취아 즈 메쏨 아 제잔짜미

    고기와 누들을 넣은 치킨 수프

Kapustová polievka 양배추 스프

까뿌스또바 뽈리에우까

Studené predjedlá (스뚜데네 쁘레드예들라) 차가운 전채요리

Mozzarella s paradajkou a bazalkou

모자젤라 스 빠라다이꼬우 아 바잘꼬우

    토마토와 바질을 곁들인 모짜렐라 치즈

Šunková rolka (슝꼬바 롤까) 햄롤

Syrový tanier (씨로비 따뉘에르) 모듬 치즈

Údený losos (우데니 로쏘쓰) 훈제 연어

Hlavné jedlá (홀라브네 예들라) 본요리

Jedlá na objednávku (예들라 나 옵예드나우꾸) 주문 요리

Staroslovenská roštenka

스따로슬로벤스까 로슈뗑까

양파를 곁들여 그릴한 전통 슬로바키아식 스테이크

Biftek s vajcom 달걀을 곁들인 그릴 스테이크

비프떽 스 바이쫌

Grilované koleno 그릴한 돼지고기 무릎살

그릴로바네 꼴레노

Kotlety s kapustou a klobásou

꼬뜰레띠 스 까부스또우 아 끌로바쏘우

양배추와 소시지를 곁들인 커틀릿

Teľacie rezne s citrónovou šťavou

뗼랴찌에 레즈네 스 찌뜨로노보우 슈뺘보우

레몬즙을 곁들인 송아지 고기 스테이크

Jedlá z hydiny (예들라 즈 히뒤니) 가금류 요리

Kuracie prsia so šampiňónovou omáčkou

꾸라찌에 쁘르씨아 쏘 샴삐뇨노보우 오마츄꼬우

양송이 버섯 소스를 곁들인 닭 가슴살

Kuracie prsia zapekané s broskyňou

꾸라찌에 쁘르씨아 자뻬까네 즈 브로스끼뇨우

복숭아를 곁들인 닭 가슴살 구이

Vyprážaný kurací rezeň 프라이드 치킨 스테이크

비쁘라좌니 꾸라찌 레젠느

Kuracie stehná na baklažáne 가지를 곁들인 닭 다리
꾸라찌에 스떼흐나 나 바끌라좌네
Kačacie prsia s jablkami a hrozienkami
까좌찌에 쁘르씨아 즈 야블까미 아 흐로지엥까미
사과와 건포도를 곁들인 오리 가슴살

Ryby (리비) 생선
Pstruh na masle 버터를 발라 구운 송어
쁘스뜨루흐 나 마슬레
Pstruh na mandliach 아몬드를 곁들인 송어
쁘스뜨루흐 나 만들리아흐
Losos s horčicovou omáčkou 겨자 소스를 곁들인 연어
로쏘쓰 스 호르취쪼보우 오마츄꼬우
Grilovaný kapor na masle 버터를 곁들여 그릴한 잉어
그릴로바니 까쁘르 나 마슬레

Hotové jedlá (호또베 예들라) 준비된 요리
Sviečková na smotane 크림소스를 곁들인 소 허리살
스비에츄꼬바 나 스모따네
Hovädzí guláš 쇠고기 굴라슈
호베지 굴라슈

Bezmäsité jedlá (베즈메씨떼 예들라) 채식 요리
Zemiaková placka s kyslou kapustou
제미악꼬바 쁠라쯔까 스 끼슬로우 까뿌스또우
새콤한 양배추를 곁들인 감자 팬케이크

Bryndzové pirohy s kyslou smotanou

브린조베 삐로히 스 끼슬로우 스모따노우
　　새콤한 크림을 넣은 브린자 파이

Vyprážaný syr s tatárskou omáčkou, kyslé uhorky

비쁘라좌니 씨르 스 따따르스꼬우 오마츄꼬우 끼슬레 우호르끼
　　타타르 소스를 곁들인 치즈 튀김, 오이 피클

Bryndzové halušky

브린조베 할루슈끼
　　브린조베 할루슈끼 (파스타, 양치즈, 베이컨)

Špagety so špenátom a zemiakmi

슈빠게띠 쏘 슈뻬나똠 아 제미악끄미
　　시금치와 감자를 곁들인 스파게티

Zapekaný karfiol s vajcom a syrom

자뻬까니 까르피올 스 바이쫌 아 씨롬
　　달걀과 치즈를 곁들여 구운 콜리플라워

Šaláty (샬라띠) 샐러드

Paradajkový šalát (빠라다이꼬비 샬랏) 토마토 샐러드
Miešaný zeleninový šalát (미에샤니 젤레뉘노비 샬랏)
　　모듬 샐러드
Uhorkový šalát (우호르꼬비 샬랏) 오이 샐러드
Cestovinový šalát (쩨스또비노비 샬랏) 파스타 샐러드
Kurací šalát (꾸라찌 샬랏) 치킨 샐러드
Ovocný šalát (오보쯔니 샬랏) 과일 샐러드

Dezerty (데제르띠) 디저트

Palacinky so zmrzlinou 아이스크림을 곁들인 팬케이크

빨라찡끼 쏘 즈므르를리노우

Ovocný pohár so šlahačkou 휘핑 크림을 곁들인 과일 컵

오보쯔니 뽀하르 쏘 슐라하츄꼬우

Banán v čokoláde 녹인 초콜릿을 곁들인 바나나

바난 프 쵸꼴라데

Maková štrúdla 양귀비씨 애플파이

막꼬바 슈뜨루들라

관광 · 레저 · 스포츠

- 주의사항 한 마디
- 시내 관광
- 명승 고적지, 미술관, 박물관에서
- 각종 공연, 영화
- 사진 찍기
- 나이트클럽에서
- 다양한 운동, 여가

주의사항 한 마디

슬로바키아에는 여가시간을 즐기는 문화가 매우 발달되어 있습니다. 이들은 주말에는 시골 별장 chata [하따], chalupa [할루빠]로 가서 자연 속에서 한적함을 즐기거나 여름 휴가 기간 동안에는 특히 바닷가로 가는 것을 매우 선호합니다.
슬로바키아인들은 스포츠 역시 즐기는데 아이스하키와 테니스는 세계 정상의 스타들을 배출할 만큼 그 수준과 열기가 대단합니다. 이 외에도 겨울에는 눈이 많이 내리기 때문에 대부분의 슬로바키아인들이 스키를 매우 즐깁니다.

슬로바키아를 여행하는 동안 수도 브라티슬라바가 있는 서부 슬로바키아 지방은 니뜨라 (Nitra), 뜨르나바 (Trnava)가 볼 만한 역사적 도시이며, 중부 슬로바키아 지방은 반스까 비스뜨리짜 (Banská Bystrica), 그리고 동부 슬로바키아 지방은 과거 동부 슬로바키아의 중심지이며 예술사 박물관이 있는 고도 꼬쉬제 (Košice), 쁘레쇼우 (Prešov) 등이 특히 아름다운 도시들입니다. 사계절마다의 눈부신 변화와, 울창한 삼림과 함께 천혜의 자연환경을 그대로 보존하고 있는 저 따뜨라 (Nízke Tatry)와 고 따뜨라 (Vysoké Tatry)는 슬로바키아인들뿐만 아니라 외국의 관광객들이 즐겨 찾는 곳인데, 특히 고 따뜨라는 차로 갈 경우 여름에는 브라티슬라바에서 3시간 정도 소요되며, 겨울에 적

설량이 많을 경우 5시간 정도 소요됩니다.

수도 브라티슬라바에는 다음과 같은 다양한 박물관들이 있습니다.

박물관	주소	전화번호
브라티슬라바 국립 박물관		
Museum of nature science	Vajanského nábrežie 2	52 96 69 24
Historical museum The castle	Bratislava castle	59 34 16 26
Musical museum The castle	Bratislava castle	59 34 13 49
Museum of Jewish culture	Židovská ul. 17	54 41 85 07
Museum of archeology	Žižkova 12	54 41 36 80
Museum of Slovak Hungarians' culture	Žižkova 18	54 41 20 21
Museum of Carpathian Germans' culture	Žižkova 14	54 41 55 70
브라티슬라바 시립 박물관	Primaciálne nám. 3	54 43 14 73
Exposition of feudal justice The Old townhall	Primaciálne nám. 3	
Exposition of Bratislava's history The Old townhall	Primaciálne nám. 3	
Exposition of artistic handicrafts	Beblavého 1	54 41 27 84
Exposition of arms and medieval fortifications - Michael's tower	Michalská 24	54 43 30 44

Castle Devin	Devín, Muránska ul.	65 73 01 05
Musical exposition, house of J. N. Hummel's birth	Klobučnícka 2	54 43 38 88
Museum of Clocks Good Sheppard's house	Židovská 1	54 41 19 40
Arthur Fleischmann's museum	Biela 6	54 43 47 42
J. Jesensky's museum	Somolického 2	54 43 47 42
Vinegard exposition Apponyi's palace	Radničná 1	54 43 17 43
Museum of ships - ship Kriváň	Dunaj	62 41 22 27
Museum of transportation	Šancová 1	52 44 41 63
Museum of Slovak Republic's police	Gunduličova 2	09 61 05 60 96
Museum of Jewish culture	Židovská 17	54 41 85 07
Milana Dobeš's museum	Zámočnícka 13	54 43 23 05

브라티슬라바에는 다양한 갤러리들이 있어 시간적 여유가 있다면 이들의 예술을 느긋하게 감상하는 것도 좋습니다.

갤러리	주소	전화번호
슬로바키아 국립 갤러리		
Water barracks	Rázusovo nábrežie 2	54 43 20 82
Esterházy's palace	Nám. Ľ Štúra 4	54 43 20 81
브라티슬라바 시립 갤러리		
Mirbach's palace	Františkánske nám. 11	54 43 15 56
Pálffy's palace	Panská 19	54 43 36 27
Primacial palace	Primaciálne námestie	59 35 61 11
Bibiana	Panská 41	54 43 13 88
Galéria Komart	Zámočnícka 8 **e-mail:** eksčstonline.sk	54 41 29 18, 0903 447 300

House of art	Nám. SNP 12	59 21 41 11
K.F.A Gallery	Karpatská 11	52 49 90 78
Ardan gallery	Lermontova 14	52 49 32 35
Artotéka gallery	Kapucínska 1	54 43 32 44
Café gallery	Pánska 12	54 43 12 28
Danubiana gallery	Water dam Čuňovo	903 605 505
Minislovensko gallery	Mýtny dom č. 1 on the Old bridge	903 163 079
Miro gallery	Košická 56	50 70 28 67
Michalský dvor gallery	Michalská 3	54 41 10 79
Nova gallery	Baštová 2	54 43 30 39
SPP gallery	Drevená 4	54 13 12 51
K.GALLERY	Ventúrska 8	54 43 39 27
Gallery Z	Ventúrska 9	54 43 16 81
Marat Art	Panská 6	54 43 46 89
PROFIL	Prepoštská 4	54 41 65 48
Slovak art talk place	Dostojevského rad 2	
Priestor gallery	Somolického 1/B	
Slovenská sporiteľna gallery	Zelená 2	
Médium gallery	Hviezdoslavovo nám. 18	

박물관이나 국립 갤러리의 경우 휴관하는 날을 미리 잘 알아보고 관람을 계획하여야 하며, 오페라나 뮤지컬 등을 관람하는 도중 사진을 찍을 수 없고, 이를 어기는 경우 퇴장을 요구하니 꼭 유념하여야 합니다.

주의사항 한 마디

오페라와 발레 공연은 흐비에즈도슬라보 광장 (Hviezdoslavovo námestie)에 위치하고 있는 슬로바키아 국립 극장 (Slovenské národné divadlo)에서 이루어집니다. 공연은 보통 오후 7시에 시작됩니다. 티켓은 공연 한 시간 전까지도 판매합니다. 슬로바키아 국립 극장 주소는 다음과 같습니다.

Gorkého 4
815 86 Bratislava
tel./fax: 02/5443 3890
tel.: 5443 3771

그러나 여름 휴가철에는 국립 극장 등의 출연 배우들도 휴가를 떠나기 때문에 오페라, 연극 등 일부 공연들이 조정되거나 이루어지지 않는다는 것을 염두에 두어야 합니다.

저녁 때에는 여행의 다양한 경험을 위해 나이트클럽이나 디스코텍에 갈 수 있는데, 여러 일행이나 친구와 함께 가는 것이 안전합니다.

브라티슬라바는 도시 자체가 역사를 고스란히 간직한 고도시의 자태를 유감없이 뽐내고 있고, 이곳을 여행하는 동안 누구라도 과거의 어느 한 시대로 시간 여행을 거슬러 왔다는 느낌 속에 그 고즈넉한 아름다움을 즐기는 자신을 발견할 것입니다.

시내 관광

여행 시작 전에 관광할 곳의 목록을 미리 준비해 보고
개별 여행의 경우 시내 관광 지도를 구하여 움직인다
면 더 편한 여행이 될 것입니다.

관광 안내소가 어디에 있습니까?

Kde sú tu turistické informácie?

그녜 쑤 뚜 뚜리스띠쯔께 인포르마찌에

영어로 된 관광 안내서가 있습니까?

Máte turistické prospekty v angličtine?

마떼 뚜리스띠쯔께 쁘로스뻭띠 브 앙글리츄띠네

시내 지도 있습니까?

Máte k dispozícii mapku mesta?

마떼 그 디스뽀지찌이 마쁘꾸 메스따

브라티슬라바 시티 투어를 하고 싶은데요. (시내 관광 버스로)

Chcel(a) by som okružnú jazdu po Bratislave.

흐쩰(라) 비 쏨 오끄루쥬누 야즈두 뽀 브라뛰슬라베

브라티슬라바 시티 투어가 얼마나 걸립니까? (시내 관광 버스로)

Ako dlho trvá okružná jazda po Bratislave?

아꼬 들호 뜨르바 오끄루쥬나 야즈다 뽀 브라뛰슬라베

명승 고적지, 미술관, 박물관에서

미술관과 박물관의 개관 시간과 요일을 정확히 알아 두어 여유 있게 소장품들과 명화를 감상하도록 합니다.

이(저)것은 무슨 건물입니까?

Čo je to za budovu?

쵸 예 또 자 부도부

박물관은 몇 시에 문을 닫습니까?

Kedy zatvárajú múzeum?

께디 자뜨바라유 무제움

영어 가이드가 있습니까?

Máte sprievodcu, ktorý hovorí po anglicky?

마뗴 스쁘리에보뜨쭈 끄또리 호보리 뽀 앙글리쯔끼

어디서 흥미로운 전시회가 개최되고 있나요?

Kde sa konajú zaujímavé výstavy?

그뎨 싸 꼬나유 자우이마베 비스따비

몌빈 성을 구경하고 싶습니다.

Chcel(a) by som si prezrieť Hrad Devín.

흐쩰(라) 비 쏨 씨 쁘레즈리엣 흐라드 몌빈

박물관	múzeum	무제움
갤러리	galéria	갈레리아
입장권	vstupenka	프스뚜뼁까
예술	umenie	우메뉘에
엽서	pohľadnica	뽀흘랴드뉘짜

브라티슬라바 성에 가보고 싶습니다.

Chcel(a) by som ísť na Bratislavský hrad.

흐쩰(라) 비 쏨 이스뜨 나 브라뛰슬라프스끼 흐랏

슬로바키아 국립 갤러리는 어디에 있습니까?

Kde je Slovenská národná galéria?

그데 예 슬로벤스까 나로드나 갈레리아

그림엽서와 포스터는 어디에서 판매합니까?

Kde sa predávajú pohľadnice a plagáty?

그데 싸 쁘레다바유 뽀흘랴드뉘쩨 아 쁠라가띠

입장권은 얼마입니까?

Koľko stojí vstupenka?

꼴꼬 스또이 프스뚜뼁까

여기서 사진을 찍어도 됩니까?

Môžem tu fotiť?

무오쳄 뚜 포띳

각종 공연, 영화

슬로바키아는 문화 행사가 풍부한 나라입니다. 취향에 따라 클래식, 재즈, 팝, 오페라, 뮤지컬, 인형극 등의 다양한 장르를 즐길 수 있습니다.

문화 행사 안내서가 있습니까?

Môžem dostať prehľad kultúrnych akcií?

무오쥄 도스땃 쁘레흘랴뜨 꿀뚜르니흐 악찌이

오페라를 보고 싶습니다.

Chcel(a) by som ísť na operu.

흐쩰(라) 비 쏨 이슷뜨 나 오뻬루

국립 극장이 어디에 있습니까?

Kde je tu Národné divadlo?

그녜 예 뚜 나로드네 뒤바들로

슬로바키아 그림자 연극을 보고 싶어요.

Chceme vidieť slovenské tieňové divadlo.

흐쩨메 비뒤엣 슬로벤스께 뛰에뇨베 뒤바들로

오늘 국립 극장에서는 어떤 프로그램을 공연합니까?

Aké programy dnes hrajú v Národnom divadle?

아께 쁘로그라미 드녜쓰 흐라유 브 나로드놈 뒤바들레

공연	predstavenie	쁘레뜨스따베뉘에
극장	divadlo	뒤바들로
인형극	bábkové divadlo	바쁘꼬베 뒤바들로
민속 공연	folklórne predstavenie	폴끌로르네 쁘레뜨스따베뉘에
음악	hudba	후드바

나는 클래식/스윙 음악을 무척 좋아합니다.

Milujem klasickú/swingovú hudbu.

밀루옘 끌라씨쯔꾸/스윙고부 후드부

슬로바키아 필하모니 콘서트는 어디서 공연됩니까?

Kde má koncert Slovenská filharmónia?

그녜 마 꼰쩨르뜨 슬로벤스까 필하르모니아

슬로바키아 민속 공연을 보고 싶습니다.

Chcel(a) by som vidieť folklórne predstavenie. 

흐쩰(라) 비 쏨 비뒤엣 폴끌로르네 쁘레뜨스따베뉘에

인형극에 관심이 있습니다.

Mám záujem o bábkové divadlo.

맘 자우엠 오 바쁘꼬베 뒤바들로

슬로바키아 뮤지컬을 보러 가고 싶습니다.

Chcel(a) by som ísť na slovenský muzikál.

흐쩰(라) 비 쏨 이슷뜨 나 슬로벤스끼 무지깔

각종 공연, 영화

옷 보관소	šatňa	샤뜨냐
영화관	kino	끼노
슬로바키아 영화	slovenský film	슬로벤스끼 필름
영화 자막	titulky	띠뚤끼
더빙된 영화	dabovaný film	다보바니 필름

공연 휴식 시간에 다과를 좀 들고 싶어요.

Cez prestávku sa chceme zastaviť na občerstvenie.

쩨쓰 쁘레스따우꾸 싸 흐쩨메 자스따빗 나 옵췌르스뜨베뉘에

저와 함께 영화보러 가지 않으시겠습니까?

Nechcete so mnou ísť do kina?

네흐쩨떼 쏘 믄노우 이슷뜨 도 끼나

브라티슬라바 국제 영화제가 언제 개최됩니까?

Kedy sa koná Medzinárodný filmový festival Bratislava?

께디 싸 꼬나 메드지나로드니 필모비 페스띠발 브라뛰슬라바

이 영화의 감독이 누구입니까?

Kto je režisérom tohto filmu?

끄도 예 레쥐제롬 또흐또 필무

마지막 상영은 언제 있습니까?

Kedy prebehne posledné premietanie filmu?

께디 쁘레베흐네 뽀슬레드네 쁘레미에따뉘에 필무

사진 찍기

슬로바키아에서는 박물관이나 공연장 등에서는 사진 촬영이 금지되어 있는 경우가 많으니 반드시 확인하여 규정을 어기지 않도록 합니다. 디지털 카메라의 경우 메모리 카드를 여유있게 준비해가는 것이 좋습니다.

사진 좀 찍어 주시겠습니까?

Mohli by ste nás prosím vyfotiť?

모흘리 비 스떼 나쓰 쁘로씸 비포띗

당신과 함께 사진 찍고 싶은데요.

Chcel(a) by som sa s Vami vyfotografovať.

흐쩰(라) 비 쏨 싸 스 바미 비포또그라포밧

여기서는 사진 촬영이 금지되어 있습니다.

Nesmie sa tu fotiť.

네스미에 싸 뚜 포띗

여기서 사진 촬영은 가능하지만, 플래쉬는 터트리면 안 됩니다.

Tu sa smie fotiť, ale bez blesku.

뚜 싸 스미에 포띗 알레 베즈 블레스꾸

이 근처에 사진용품점이 있습니까?

Je tu niekde obchod s fotoaparátmi?

예 뚜 뉘에그데 옵호뜨 스 포또아빠라뜨미

카메라	fotoaparát	포또아빠랏
컬러/흑백 필름	farebné / čiernobiele filmy	파레브네 / 취에르노빌레 필미
필름을 현상하다	vyvolať snímky	비볼라밧 스님끼
디지털 카메라	digitálny fotoaparát	디기딸니 포또아빠랏
메모리 카드	pamäťová karta	빠메뚀바 까르따

필름을 현상하려고 하는데요.

Potreboval(a) by som vyvolať filmy.

뽀뜨레보발(라) 비 쏨 비볼랏 필미

사진은 언제 나옵니까?

Kedy budú fotky hotové?

께디 부두 폿뜨끼 호또베

컬러/흑백 필름으로 36장짜리 주십시오.
Dajte mi prosím, farevný/čiernobiely film s
36 zábermi.

다이떼 미 쁘로씸 파레브니/취에르노비엘리 필름 스 뜨리짯뜌미 쉐스뜌미 자베르미

광택지/무광택지에 사진을 인화해 주시겠습니까?
Môžete spracovať fotografie na lesklý/matný
papier?

무오줴떼 스빠라쪼밧 포또그라피에 나 레스끌리/맛뜨니 빠삐에르

디지털 카메라 메모리 카드가 필요한데요.
Potrebujem pamäťovú kartu do digitálneho
fotoaparátu.

뽀뜨레부옘 빠메뚀부 까르뚜 도 디기딸네호 포또아빠라뚜

나이트클럽에서

시내의 디스코텍이나 나이트 클럽은 슬로바키아인들뿐만 아니라 외국인들도 많이 찾는 곳이며, 댄스를 즐기는 이들은 신나게 춤추며 젊음의 열정을 발산합니다.

이 근처에 디스코텍이 있습니까?

Je tu niekde diskotéka?

예 뚜 뉘에그뎨 디스꼬떼까

나이트 클럽은 어디에 있습니까?

Kde je tu nočný klub?

그뎨 예 뚜 노츄니 끌룹

저와 함께 춤추지 않으시겠습니까?

Smiem prosiť?

스미엠 쁘로쎗

춤추러 갑시다. / 나는 몸치에요.

Podme tancovať. / Neviem tancovať.

뽀뒤메 딴쪼밧 / 네비엠 딴쪼밧

무슨 춤을 가장 좋아하십니까?

Aký druh tance máte najradšej?

아끼 드루흐 딴쩨 마떼 나이라뜨쉐이

다양한 운동, 여가

슬로바키아인들은 다양한 운동을 즐깁니다. 슬로바키아 아이스하키 팀은 세계
적이며, 아름다운 슬로바키아의 자연 속에서 즐길 수 있는 운동을 통해 여행의
활력을 재충전할 수 있습니다.

어떤 스포츠를 즐겨 하세요?

Akému športu sa aktívne venujete?

아께무 슈뽀르뚜 싸 악띠브네 베누예떼

여가시간에는 무엇을 하세요?

Čo robíte vo voľném čase?

쵸 로비떼 보 볼넴 촤쎄

스키 타는 것을 즐깁니다./스노우 보드를 즐겨 탑니다.
Rád(Rada) lyžujem./Rád(Rada) jazdím na
snowboarde.

라드(라다) 리쥬엠/라드(라다) 야즈딈 나 스노우보르데

스키/스노우보드 장비를 빌리고 싶은데요.

Chcel(a) by som si požičať lyže/snowboard.

흐쩰(라) 비 쏨 씨 뽀쥐촷 리줴/스노우보르드

스키장 리프트 탑승권은 어디서 사나요?

Kde sa dajú kúpiť lístky na sedačkovú lanovku?

그데 싸 다유 꾸삣 리스뜨끼 나 쎄다츄꼬부 라노우꾸

스키	lyže	리줴
테니스 코트	tenisový kurt	떼니쏘비 꾸르뜨
테니스 라켓	tenisová raketa	떼니쏘바 라께따
축구 경기	futbalový zápas	푸뜨발로비 자빠쓰
수영하다	plávať	쁠라밧

여기 가까운 곳에 일반 대중용 테니스 코트가 있습니까?

Nachádza sa v blízkosti verejný tenisový kurt?

나하드자 싸 브 블리쓰꼬스뛰 베레이니 떼니쏘비 꾸르뜨

골프/테니스를 치십니까?

Hráte golf/tenis?

흐라떼 골프/떼니쓰

언제 골프 한 게임 안 치시겠습니까?

Nechcete si niekedy zahrať golf?

네흐쩨떼 씨 뉘에께디 자흐랏 골프

골프채와 골프화를 빌릴 수 있습니까?

Môžem si požičať golfovú palicu a obuv?

무오쥄 씨 뽀쥐찻 골포부 빨리쭈 아 오부우

주말에 축구경기 보러 갑시다.

Poďme na futbalový zápas cez víkend.

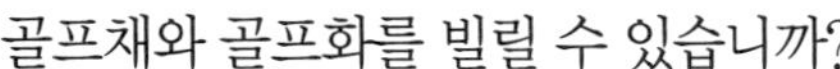

뽀뒤메 나 푸뜨발로비 자빠쓰 쩨즈 비껜드

수영하다	kúpať sa	꾸빳 싸
야외 수영장	kúpalisko	꾸빨리스꼬
실내 수영장	krytý bazén	끄리띠 바젠
수영복	plavky	쁠라우끼
호수	jazero	야제로

수영할 줄 아십니까?

Viete plávať?

비에떼 쁠라밧

야외 수영장이 어디에 있습니까?

Kde sa nachádza kúpalisko?

그뎨 싸 나하드자 꾸빨리스꼬

실내 수영장이 어디에 있습니까?

Kde nájdeme krytý bazén?

그뎨 나이데메 끄리띠 바젠

이 호수에서 수영해도 됩니까?

Môžem sa kúpať v tomto jazere?

무오쥄 싸 꾸빳 프 똠또 야제레

호수에서 수영하기에 안전합니까?

Je bezpečné kúpanie v jazere?

예 베스뻬츄네 꾸빠뉘에 브 야제레

등산	horolezectvo	호롤레제쯔뜨보
사냥	lov	로프
낚싯대	rybársky prút	리바르스끼 쁘룻
아이스 하키	Ľadový hokej	랴도비 호께이
자전거 운동	jazda na bicykli	야즈다 나 비찌글리

여기 깊습니까?
Je tu hlboko?

예 뚜 흘보꼬

아니오, 얕습니다.
Nie, je plytko.

뉘에 예 쁠리뜨꼬

등산을 좋아하십니까?
Chodíte rád/rada do hôr?

호뒈떼 라드/라다 도 후오르

사냥에 흥미 있으십니까?
Zaujímate sa o lovecké akcie?

자우이마떼 싸 오 로베쯔께 악찌에

낚시를 좋아하십니까?
Chodíte rád na ryby?

호뒈떼 라드 나 리비

당구	gulečník	굴레츄뉙
승마	jazda na koni	야즈다 나 꼬뉘
피트니스 센터	fitness centrum	피트니쓰 쩬뜨룸
월풀 욕조	whirpoolová vaňa	비르뿔로바 바냐
취미	záľuba	잘류바

당구 한 게임 치러 가지 않겠습니까?

Nepôjdeme hrať gulečník?

네뿌오이데메 흐랏 굴레츄뉙

취미로 승마를 즐기십니까?

Patrí k Vašim záľubám jazda na koni?

빠뜨리 끄 바쒬 잘류밤 야즈다 나 꼬뉘

승마 초보자 강습 과정에 다니고 싶은데요.

Potrebujem kurz jazdy na koni pre začiatočníkov.

뽀뜨레부옘 꾸르쓰 야즈디 나 꼬뉘 쁘레 자취아또츄뉙꼬우

기분전환을 위해 사우나에 가고 싶습니다.

Rád by som išiel do sauny relaxovať.

라드 비 쏨 이쉬엘 도 싸우니 렐락쏘밧

좋은 시설을 갖춘 피트니스 센터 제게 추천해 주시겠습니까?

Odporučíte mi dobre vybavené fitness centrum?

오뜨뽀루취떼 미 도브레 비바베네 피뜨니쓰 쩬뜨룸

맛사지	masáž	마싸슈
온천	kúpele	꾸뻴레
피부	pleť	쁠렛
비만	obezita	오베지따
치료	liečba	리에쥬바

피로회복 맛사지를 받고 싶어요.

Chcem ísť na relaxačnú masáž.

흐쩸 이슷뜨 나 렐락싸츄누 마싸슈

어디서 아로마테라피를 받을 수 있나요?

Kde ponúkajú aromaterapiu?

그뎨 뽀누까유 아로마떼라삐우

주말에 온천에 가보고 싶은데요.

Chcem víkendový pobyt v kúpeloch.

흐쩸 비껜도비 뽀빗 프 꾸벨로흐

어느 온천이 피부/류머티즘에 좋은가요?

Ktoré kúpele pozitívne pôsobia na pleť/reumatizmus?

끄또레 꾸뻴레 뽀지띠브녜 뿌오쏘비아 나 쁠렛/레우마띠즈무스

어느 온천이 비만치료에 효능이 있나요?

Ktoré kúpele sa špecializujú na liečbu obezity?

끄또레 꾸뻴레 싸 슈뻬찌알리주유 나 리에쥬부 오베지띠

쇼핑하기

주의사항 한 마디

여행을 통해 쇼핑하는 것도 여행하는 이 그리고 여행에서 돌아오기를 기다리는 이 모두에게 즐거움이 될 수 있습니다. 여행 중 구입한 제품이나 기념품은 그곳에서 보냈던 시간을 추억할 수 있는 매개체가 되기 때문입니다.

슬로바키아에는 백화점도 있지만, 브라티슬라바의 경우 특성화된 쇼핑 센터가 있어 이곳에서 다양한 상품들을 구경하며 구입할 수 있습니다. 그리고 이러한 상점들은 고정 가격이기 때문에 가격을 따로 흥정할 수 없습니다. 다만 브라티슬라바 중심가에 관광 목적으로 꾸며진 재래 시장에서는 간단한 제품, 인형, 수공예품, 과일 등을 구입하는 경우 어느 정도 가격을 흥정하는 것이 가능합니다.

슬로바키아의 대형 쇼핑센터에는 아우파르크 (Aupark)와 폴루스 시티 센터 (Polus city center)가 있습니다. 아우파르크는 다뉴브강 우측의 뻬뜨르좔까 (Petržalka) 구역에 위치하고 있습니다. 일반 대중 버스로는 80, 83, 84, 91, 94번을 이용하여 아우파르크로 갈 수 있습니다. 쇼핑 센터 이외에도 볼링, 시네마, 피트니스 센트룸 등이 다양하게 종합적으로 구비되어 있는 곳입니다. 폴루스 시티 센터는 노베 메스또 (Nové mesto) 구역에 위치하고 있으며, 일반 대중 버스 50, 51번 혹은 전차 2, 4, 6번을 이용하여 갈 수 있습니다.

슬로바키아의 특산품으로는 크리스탈이 있으며, 곳곳에 크리스탈 상점이 있어 실로 매우 다양하고 근사한 제품들에 시선을 빼앗겨 시간가는 줄 모르고 구경하게 됩니다. 슬로바키아인들이 수공으로 제작하는 크리스탈은 정교하고 디자인이 매우 뛰어나 슬로바키아인들뿐만 아니라 관광객들이 매우 선호하는 특산품입니다. 정교하게 세공한 크리스탈 와인잔, 크리스탈 꽃병, 크리스탈 미니어쳐 등은 훌륭한 선물인 동시에 실용적 기능도 함께 가지고 있습니다. 그러나 크리스탈 제품을 구입하는 경우 제품에 흠이나 부분적으로 깨진 곳이 없는지 반드시 모든 제품을 하나하나 꼼꼼히 확인한 후 포장하도록 하여야 합니다.

슬로바키아 전통 악기로 긴 피리 모양의 푸야르 (fujár)는 겉면이 다양하게 세공되어 있는데, 음악에 관심이 있다면, 하나쯤 구입해 두는 것도 여행의 기념이 될 것입니다. 길을 걷다가 독특한 모양이나 표정을 한 꼭두각시 인형, 즉 마리오네뜨 bábka [바쁘까]를 구입하는 것도 재미있으며, 상인들은 자유롭고 익숙한 손놀림으로 마리오네뜨를 움직이며 상점 앞을 지나가는 여

행객들의 시선을 끌 것입니다.

쇼핑 센터에서 물건을 구입하는 경우 거스름돈을 제대로 주는지, 계산에 착오가 없는지 영수증과 제품을 꼭 확인하고 영수증은 반드시 보관하여 혹시 하자가 있는 경우 교환하는 데 문제가 없도록 합니다.

쇼핑 센터 찾기

슬로바키아에서는 쇼핑시 백화점보다는 품목에 따라 전문화된 쇼핑몰을 이용하는 것이 더 유익합니다. 시간적 여유가 있다면 필요한 품목을 정한 후 몇 군데의 가격을 비교해 보고 구입하는 것이 좋습니다.

이 근처 가장 가까운 쇼핑 센터를 찾고 있습니다.

Hľadám najbližšie nákupné centrum.

흘랴담 나이블리쥬쉬에 나꾸쁘네 쩬뜨룸

나는 슬로바키아 크리스탈에 관심이 있습니다.

Zaujímam sa o slovenský krištál.

자우이맘 싸 오 슬로벤스끼 끄리슈딸

슬로바키아 도자기는 어디서 판매합니까?

Kde predávajú slovenský porcelán?

그데 쁘레다바유 슬로벤스끼 뽀르쩰란

여기 어디 가까운 곳에 꽃집이 있습니까?

Je tu niekde nablízku kvetinárstvo?

예 뚜 뉘에그데 나블리스꾸 끄베뛰나르스뜨보

어린이 장난감 상점에 가보고 싶습니다.

Rád by som išiel do obchodu s detskými hračkami.

라드 비 쏨 이쉬엘 도 옵호두 즈 뎃스끼미 흐라츄까미

쇼핑 기본회화

슬로바키아의 쇼핑 센터와 상점은 기본적으로 정찰제입니다. 물건을 구입할 때는 반드시 영수증을 받아 보관하며, 기념품이나 수공예품 등을 파는 시장에서는 흥정이 가능합니다. 점원에게 도움을 요청할 때는 Prosím (쁘로씸)이라고 하면 됩니다.

쇼핑하러 가고 싶습니다.

Chcel(a) by som ísť na nákup.

흐쪌(라) 비 쏨 이슷뜨 나 나꿉

이것(그것)을 어디에서 살 수 있습니까?

Kde si to môžem kúpiť?

그데 씨 또 무오쥄 꾸삣

토카이 와인과 자두주를 사고 싶어요.
Rád(Rada) by som si kúpil(a) tokajské víno a slivovicu.

라드(라다) 비 쏨 씨 꾸삘(라) 또까이스께 비노 아 슬리보비쭈

얼마입니까?

Koľko to stojí?

꼴꼬 또 스또이

값을 깎아주시나요?

Poskytujete zľavy?

뽀스끼뚜예떼 즐랴비

가격	cena	쩨나
돈, 금전	peniaze	뻬뉘아제
비싼	drahý	드라히
싼	lacný	라쯔니
가게, 상점	obchod	옵호뜨

정찰제입니다.

Je to pevná cena.

예 또 뻬브나 쩨나

진열장에 있는 것을 보여주세요.

Ukážte mi veci vo výkladnej skrini.

우까슈떼 미 베찌 보 비끌라드네이 스끄리뉘

이건 너무 비싸군요.

To je príliš drahé.

또 예 쁘릴리슈 드라헤

더 싼 거 없나요?

Nemáte niečo lacnejšie?

네마떼 뉘에쵸 라쯔네이쉬에

이것을 구입하겠습니다.

Vezmem si to.

베즈멤 씨 또

사다, 구입하다	kúpiť	꾸삣
입어(신어) 보다	vyskúšať	비스꾸샷
불량의	vadný	바드니
다른	iný	이니
진열장	výkladná skriňa	비끌라드나 스끄리냐

이것을 착용해 보고 싶습니다.

Chcel(a) by som si to vyskúšať.

흐쩰(라) 비 쏨 씨 또 비스꾸샷

이건 마음에 안 들어요.

To sa mi nepáči.

또 싸 미 네빠취

다른 것을 보여주세요.

Prosím Vás, ukažte mi niečo iné.

쁘로씸 바쓰 우까슈떼 미 뉘에쵸 이네

이건 품질도 안 좋고 불량품입니다.

Je to nekvalitné a vadné.

예 또 네끄발리뜨네 아 바드네

이거 새 것으로 바꿔주시거나 환불해주세요.
Chcem to vymeniť za nové, alebo dostať späť
peniaze.

흐쩸 또 비메닛 자 노베 알레보 도스땃 스뼷 뻬뉘아제

수선하다	opraviť	오쁘라빗
수제품	ručná práca	루츄나 쁘라짜
자수제품	výšivka	비쉬우까
지불하다	zaplatiť	자쁠라띳
계산대	pokladňa	뽀끌라드냐

기장을 줄여 주십니까?

Opravíte mi dĺžku?

오쁘라비떼 미 들슈꾸

즉석 수선이 가능합니까?

Môžete to opraviť na počkanie?

무오줴떼 또 오쁘라빗 나 뽀츄까뉘에

이것은 가죽입니까?

Je to pravá koža?

예 또 쁘라바 꼬좌

수제품입니까?

Je to ručná práca?

예 또 루츄나 쁘라짜

계산대가 어디 있습니까?

Kde je pokladňa?

그녜 예 뽀끌라드냐

현금	hotovosť	<u>호또보스뜨</u>
신용카드	kreditná karta	끄레디뜨나 까르따
품질 보증서	záručný list	자루츄니 리스뜨
포장하다	zabaliť	자발릿

골동품점 obchod so starožitníctvom 옵호뜨 쏘 스따로쥐뜨니쯔뜨봄

골동품 상점은 어디에 있나요?

Kde nájdem obchod so starožitníctvom?

그데 나이뎀 옵호뜨 쏘 스따로쥐뜨뉘쯔뜨봄

신용카드로 지불해도 됩니까?

Dá sa tu platiť kreditnou kartou?

다 싸 뚜 쁠라띳 끄레디뜨노우 까르또우

더 큰(작은) 것으로 교환하고 싶습니다.

Chcel(a) by som to vymeniť za väčšie (menšie).

흐쩰(라) 비 쏨 또 비메닛 자 베츄쉬에 (멘쉬에)

영수증 주시겠습니까?

Môžete mi dať účet, prosím?

무오쮀떼 미 닷 우쳇 쁘로씸

선물용으로 포장해 주시겠습니까?

Môžem to dostať v darčekovom balení?

무오쮐 또 도스땃 브 다르첵꼬봄 발레뉘

의류제품점에서

슬로바키아는 길고 추운 겨울로 인해 모피로 만든 코트와 모자가 다양하며 브라티슬라바와 비엔나 경계 사이에 명품 outlet 매장이 있어 시간이 있다면 많은 상품들을 둘러볼 수 있습니다.

모피 제품 상점은 어디에 있습니까?

Kde je tu obchod s kožušinou?

그데 예 뚜 옵호뜨 스 꼬쥬쉬노우

모피 모자를 사고 싶습니다.

Chcel(a) by som si kúpiť kožušinovú čiapku.

흐쩰(라) 비 쏨 씨 꾸삣 꼬쥬쉬노부 취아쁘꾸

이 치마 (와이셔츠) 입어 볼 수 있을까요?

Môžem si vyskúšať túto sukňu (košeľu)?

무오쥄 씨 비스꾸샷 뚜또 쑤끄뉴 (꼬쉘류)

이 바지 입어 볼 수 있을까요?

Môžem si vyskúšať tieto nohavice?

무오쥄 씨 비스꾸샷 띠에또 노하비쩨

여성용 고급 속옷 매장에 가보고 싶은데요.
Rada by som šla do obchodu s luxusnou
dámskou spodnou bielizňou.

라다 비 쏨 슐라 도 옵호두 스 룩수스노우 담스꼬우 스뻗드노우 비엘리즈뇨우

모피 모자	kožušinová čiapka	꼬쥬쉬노바 취아쁘까
사이즈	veľkosť	벨꼬스뛰
거울	zrkadlo	즈르까들로
실크	hodváb	호드밥
모직 / 면	vlna / bavlna	블나 / 바블나

사이즈가 어떻게 되십니까?

Akú máte veľkosť?

아꾸 마떼 벨꼬스뛰

한 치수 큰 것/작은 것 있어요?

Máte o číslo väčšie/menšie?

마떼 오 취슬로 베츄쉬에/멘쉬에

피팅룸은 어디에 있나요?

Kde sú skúšobné kabínky?

그데 쑤 스꾸쇼브네 까빙끼

어떤 원단으로 제조된 것입니까?

Z akého materiálu je to vyrobené?

즈 아께호 마떼리알루 예 또 비로베네

이건 세탁기에 물빨래가 가능합니까?

Dá sa to dať normálne do práčky?

다 싸 또 닷 노르말네 도 쁘라츄끼

서점 · 문구점

브라티슬라바의 서점과 고서점은 전문서적과 문학서적, 그림 등을 다양하게 갖추고 있습니다.

여기서 가장 가까운 대형 서점이 어디에 있습니까?

Kde je tu najbližšie veľké kníhkupectvo?

그뎨 예 뚜 나이블리쉬에 벨께 끄뉘흐꾸뻬쯔뜨보

무엇을 찾으십니까?

Čo si prajete, prosím?

쵸 씨 쁘라예떼 쁘로씸

슬로바키아의 세계적 작가의 소설이 있습니까?

Máte tu romány od svetových slovenských spisovateľov?

마떼 뚜 로마니 오뜨 스베또비흐 슬로벤스끼흐 스뻬쏘바뗄료우

이것은 최신판입니까?

Je to posledné vydanie?

예 또 뽀슬레드네 비다뉘에

유감이지만, 그 책은 품절되었습니다.

Bohužiaľ, tá knižka je rozobraná.

보후쥐알 따 끄뉘슈까 예 로조브라나

서점	kníhkupectvo	끄뉘흐꾸뻬쯔뜨보
고서점	antikvariát	안띠끄바리앗
책	kniha	끄뉘하
문구점	papierníctvo	빠삐에르뉘쯔뜨보
봉투	obálka	오발까

원하신다면 그 책을 주문해 드리겠습니다.

Ak chcete, objednáme pre Vás tú knihu.

악 흐쩨떼 옵예드나메 쁘레 바쓰 뚜 끄뉘후

그 책을 언제 찾아갈 수 있습니까?

Kdy si môžem vyzdvihnúť tú knihu?

그디 씨 무오쩸 비즈드비흐눗 뚜 끄뉘후

여기서 가장 가까운 고서점이 어디에 있습니까?

Kde je tu najbližší antikvariát?

그녜 예 뚜 나이블리쉬 안띠끄바리앗

슬로바키아 자연 풍경 사진이 있는 캘린더 있습니까?

Máte kalendáre s obrázkami prírody Slovenska?

마떼 깔렌다레 스 오브라스까미 쁘리로디 슬로벤스까

수첩이 필요한데요.

Potreboval(a) by som si kúpiť diár.

뽀뜨레보발(라) 비 쏨 씨 꾸삣 디아르

안경점에서

여행 중 안경이 손상되거나 콘택트 렌즈 다목적 세척액 등이 필요한 경우 다음의 표현들을 활용해 보도록 합니다.

안경이 깨졌습니다.

Rozbily sa mi okuliare.

로즈빌리 싸 미 오꿀리아레

안경 렌즈를 교체해 주십시오.

Vymenite mi prosím, okuliarové sklá.

비메뉘떼 미 쁘로씸 오꿀리아로베 스글라

안경테가 부러졌습니다.

Rozbily sa mi okuliarové rámy.

로즈빌리 싸 미 오꿀리아로베 라미

수선이 언제 다 됩니까?

Ako dlho bude trvať oprava?

아꼬 들호 부뎨 뜨르밧 오쁘라바

콘택트 렌즈 다목적 세척액이 필요합니다.
Potrebujem viacejúčelový roztok na kontaktné šošovky.

쁜뜨레부엠 비아쩨이우첼로비 로스똑 나 꼰딱뜨네 쇼쇼우끼

화장품점에서

슬로바키아 내에서 생산되는 화장품과 수입 화장품들도 다양하게 있지만, 화장품은 무엇보다도 본인의 피부에 맞는 것이 가장 중요하므로 가급적이면 원래 사용하던 브랜드를 찾아보는 것이 좋습니다.

면도후 바르는 로션 있습니까?

Máte vodu po holení?

마떼 보두 뽀 홀레늬

썬탠 크림이 필요한데요.

Potrebujem opaľovací krém.

뽀뜨레부옘 오빨료바찌 끄렘

나의 피부는 건성/지성/민감성/복합성입니다.

Mám mastnú/suchú/citlivú/zmiešanú pleť.

맘 마스뜨누/쑤후/찌뜰리부/즈미에샤누 쁠렛뛰

조금 발라 보아도 됩니까?

Môžem si to vyskúšať na pleť?

무오쥄 씨 또 비스꾸샷 나 쁠렛뛰

면도기/치약/칫솔이 필요한데요.

Potrebujem žiletku/zubnú pastu/zubnú kefku.

뽀트르제부옘 쥘렛뜨꾸/주브누 빠스뚜/주브누 께프꾸

기념품 상점

전형적인 슬로바키아의 기념품들에는 작은 크리스탈 제품, 작은 유리 세공품, 마리오네뜨 인형이나 슬로바키아의 풍경이 담긴 소품 등 다양합니다.

슬로바키아 기념품을 사고 싶은데요.
Chcel(a) by som si kúpiť slovenské pamiatkové predmety.
흐젤(라) 비 쏨 씨 꾸뺏 슬로벤스께 빠미아뜨꼬베 쁘레드메띠

흥미로운 슬로바키아 기념품을 추천해 주시겠습니까?
Odporúčate mi zaujímavé slovneské pamiatkové predmety?
오뜨뽀루촤떼 미 자우이마베 슬로벤스께 빠미아뜨꼬베 쁘레드메띠

마리오네뜨 인형을 판매하는 곳이 어디에 있습니까?

Kde sa tu predávajú bábky?

그데 싸 뚜 쁘레다바유 바쁘끼

수공 도색한 슬로바키아 세라믹을 어디에서 살 수 있습니까?
Kde tu môžem kúpiť ručne malovanú slovenskú keramiku?
그데 뚜 무오쳄 꾸뺏 루츄네 말로바누 슬로벤스꾸 께라미꾸

커팅한 크리스탈 미니 인형은 어디에서 팝니까?

Kde predávajú brúsené krištálové figúrky?

그데 쁘레다바유 브루쎄네 끄리슈딸로베 피구르끼

보석상에서

슬로바키아의 보석 세공품은 금, 은을 비롯해 체코산 가넷, 호박 등이 사용된 다양한 디자인의 장신구로 나와 있습니다.

가넷 장신구는 어디에서 판매합니까?

Kde predávajú šperky z granátu?

그데 쁘레다바유 슈뻬르끼 즈 그라나뚜

호박 장신구를 사고 싶은데요.

Chcel(a) by som si kúpiť jantárové šperky.

흐쩰(라) 비 쏨 씨 꾸삣 얀따로베 슈뻬르끼

이 팔찌/반지/목걸이를 보여주시겠습니까?

Môžete mi ukázať tento náramok/prsteň/náhrdelník?

무오줴몌 미 우까잣 뗀또 나라목/쁘르스뗀느/나흐르델닉

금/은/백금으로 만든 장신구는 없습니까?

Nemáte zlaté/strieborné/platinové šperky?

네마뗴 즐라떼/스뜨리에보르네/쁠라띠노베 슈뻬르끼

이것은 양식진주입니까 아니면 천연진주입니까?

Je to perla kultivovaná alebo prírodná?

예 또 뻬를라 꿀띠보바나 알레보 쁘리로드나

식품점에서

슬로바키아 대형 슈퍼마켓 등이 장보기에 편하며, 슬로바키아의 Niva 치즈 (Slovenská Niva - syr s modrou plesňou 푸른 곰팡이 치즈)와 훈제 치즈 (údený syr 우데니 씨르), 살라미 (salámy)는 꼭 맛볼 만합니다.

유기농 식품을 사고 싶은데요.

Chcel(a) by som si kúpiť organické potraviny.

흐쪨(라) 비 쏨 씨 꾸삣 오르가니쯔께 뽀뜨라비니

쇠고기 등심 500그램 주세요.

Pol kila zadného hovädzieho mäsa, prosím.

뽈 낄라 자드네호 호베드지에호 메싸 쁘로씸

돼지고기/돼지고기 삼겹살 500그램 주세요.
Pol kila bravčového mäsa/bravčového
bôčika, prosím.

뽈 낄라 브라우쵸베호 메싸/브바우쵸베호 부오췩까 쁘로씸

푸른 곰팡이 치즈와 훈제 치즈를 사고 싶어요.

Chcem si kúpiť Nivu a údený syr.

흐쩸 씨 꾸삣 니부 아 우데니 씨르

비닐 봉투 한 장 더 주세요.

Ešte jednu igelitovú tašku, prosím.

에슈떼 예드누 이겔리또부 따슈꾸 쁘로씸

우편 · 전화

- 주의사항 한 마디
- 우체국에서
- 전화, 인터넷

주의사항 한 마디

슬로바키아에서의 전반적인 통신 서비스는 불편 없이 이용할 만합니다. 우체국 서비스 이용시 한국으로 보내는 중요한 서류나 물품일 경우 반드시 등기 우편으로 보내는 것이 좋습니다. 소포를 보내는 경우 소포의 크기가 지나치게 크거나 무게가 많이 나가는 경우 항공 화물 회사를 통해 보내거나 배편으로 보내야 합니다.

배편으로 소포를 보내는 경우 한국까지 2~3개월 정도 소요되며, 책 등을 다량으로 부칠 경우 배편을 이용하면 요금도 비교적 저렴하고 편리합니다.

슬로바키아를 여행하며 한국으로부터 핸드폰 로밍 서비스를 받지 않는 경우 슬로바키아 시내 곳곳에 설치되어 있는 카드 공중전화를 통해 한국이나 다른 곳으로 통화할 수 있습니다. 공중전화 카드는 신문이나 잡지 등을 파는 상점이나 가판대에서 구입할 수 있으며, 인터넷 카페 등에서도 한국으로 국제 전화 통화를 할 수 있습니다. 이 경우 통화 전에 보증금 형식으로 일정 액수를 지불하여 그 시간만큼 통화를 하거나, 곳에 따라서는 통화가 끝난 후 요금을 지불하는 방식이 있습니다. 브라티슬라바의 경우 시내에 유료 인터넷 서비스가 있어, 여행 중 소식이나

사진을 이메일을 통해 전달할 수 있습니다.

슬로바키아에서 한국으로 전화하는 경우 0082를 누르고 지역번호와 상대방의 전화번호를 누르면 됩니다. 공중 전화 카드의 잔액 단위가 많이 남아 있지 않은 경우 한국의 상대편에 전화를 걸어 공중 전화 번호를 알려주고 전화를 부탁하면, 상대방측에서 거는 국제 통화가 공중전화로 걸려옵니다. 국제 통화시 슬로바키아 국가 번호는 421번입니다.

우체국에서

브라티슬라바 중앙 우체국은 SNP 광장 (námestie SNP) 34–35번지에 위치하고 있으며 월-금 7:00–20:00시, 토요일 7:00–18:00시, 일요일 9:00–14:00시까지 근무합니다.

중앙 우체국은 어디에 있습니까?

Kde je tu Hlavná pošta?

그데 예 뚜 흘라브나 뽀슈따

가장 가까운 우체국은 어디에 있습니까?

Je tu v blízkosti pošta?

예 뚜 브 블리쓰꼬스뛰 뽀슈따

우체통이 어디에 있습니까?

Kde je umiestená poštovná schránka?

그데 예 우미에스떼나 뽀슈또브나 스흐랑까

한국에 보내는 편지 우편료는 얼마입니까?

Koľko sa platí za list do Kórejskej republiky?

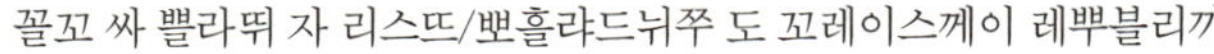

꼴꼬 싸 쁠라뛰 자 리스뜨/뽀흘랴드뉘쭈 도 꼬레이스께이 레뿌블리끼

한국까지 보내는 엽서는 우편료가 얼마입니까?

Aké je poštovné za pohľadnicu do Kórejskej republiky?

아께 예 뽀슈또브네 자 뽀흘랴드뉘쭈 도 꼬레이스께이 레뿌블리끼

항공편	letecká pošta	레떼쯔까 뽀슈따
배편으로	loďou	로됴우
등기로	doporučene	도뽀루췌네
등기표	podací lístok	뽀다찌 리스똑
우표	(poštová) známka	(뽀슈또바) 즈남까

이 편지에 붙일 우표 주세요.

Prosím si známku na tento list.

쁘로씸 씨 즈남꾸 나 뗀또 리스뜨

이 편지/소포를 등기로 보내고 싶습니다.

Chcem poslať tento list/balík doporučene.

흐쩸 뽀슬랏 뗀또 리스뜨/발릭 도뽀루췌네

에어캡 봉투를 사려고 합니다.

Chcem kúpiť obálky s bublinkovou fóliou.

흐쩸 꾸삣 오발끼 즈 부블링꼬보우 폴리오우

어디가 소포 창구입니까?

Kde je tu balíková priehradka?

그데 예 뚜 발릭꼬바 쁘리에흐라뜨까

이 소포를 항공편/배편으로 보내려고 합니다.

Chcem poslať tento balík leteckou poštou/loďou.

흐쩸 뽀슬랏 뗀또 발릭 레떼쯔꼬우 뽀슈또우/로됴우

우체국에서

편지	list	리스뜨
엽서	pohľadnica	뽀흘랴드뉘짜
소포	balík	발릭
발송인	odosielateľ	오도씨엘라뗄
수취인	adresát	아드레쌋

이 소포의 내용물이 무엇입니까?

Čo obsahuje tento balík?

쵸 옵싸후예 뗀또 발릭

슬로바키아 기념우표를 사고 싶습니다.

Chcem si kúpiť jubilejné poštové známky.

흐쩸 씨 꾸삣 유빌레이네 뽀슈또베 즈남끼

국제특급우편으로 발송하려 하는데요.

Chcem to poslať EMS (expresnou poštou).

흐쩸 또 뽀슬랏 에엠에쓰 (엑쓰쁘레쓰노우 뽀슈또우)

발송인은 김입니다.

Odosielateľ je Kim.

오도씨엘라뗄 예 김

수취인은 노박입니다.

Adresát je Novák.

아드레쌋 예 노박

전화, 인터넷

공중전화나 우체국 등을 통해 국제 전화를 할 수 있으며, 브라티슬라바 시내
에는 유료 인터넷 서비스가 있어 이메일을 사용할 수 있습니다. 이러한 인터넷
서비스는 고객의 최소 이용 시간을 정해 놓은 곳도 있고, 보통 분당 이용료를
기준으로 계산합니다.

카드 공중전화를 찾고 있습니다.

Hľadám telefónny automat na kartu.

흘랴담 뗄레포니 아우또맛 나 까르뚜

공중전화 카드는 어디에서 살 수 있습니까?

Kde môžem kúpiť telefónnu kartu?

그녜 무오쥄 꾸뻿 뗄레포누 까르뚜

서울에 팩스를 보내려고 하는데요.

Potreboval(a) by som poslať fax do Soulu.

뽀뜨레보발(라) 비 쏨 뽀슬랏 팍쓰 도 쏘울루

서울로 착불전화를 하고 싶은데요.

Chcem telefonovať na účet volaného do Soulu.

흐쩸 뗄레포노밧 나 우쳇 볼라네호 도 쏘울루

노박씨와 통화할 수 있습니까?

Môžem hovoriť s pánom Novákom?

무오쥄 호보릿 스 빠놈 노박꼼

여보세요!	Haló (Prosím)!	할로 (쁘로씸)
전화카드	telefónna karta	뗄레포나 까르따
시외전화	medzimestský hovor	메드지메슷끼 호보르
국제전화	medzinárodný hovor	메드지나로드니 호보르
착불전화	hovor na účet volaného	호보르 나 우쳇 볼라네호

죄송하지만, 지금 여기 없는데요.

Bohužial̆, teraz tu nie je.

보후쥐알 떼라스 뚜 뉘에 예

지금 다른 전화 받고 있는데요.

Práve rozpráva na inej linke.

쁘라베 로스쁘라바 나 이네이 링께

통화중입니다.

Linka je obsadená.

링까 예 옵싸데나

나중에 다시 전화드리겠습니다.

Zavolám neskôr.

자볼람 네스꾸오르

댁으로 전화해도 괜찮겠습니까?

Nebude Vám vadiť, keď Vám zavolám domov?

녜부데 밤 바딧 께드 밤 자볼람 도모우

(공중)전화 부스	telefónna búdka	뗄레포나 부뜨까
분당 통화료	poplatok za minútu	뽀쁠라똑 자 미누뚜
전화 번호부	telefónny zoznam	뗄레포니 조즈남
전화 번호	telefónne číslo	뗄레포네 취슬로
메모를 남기다	nechať odkaz	네핫 오뜨까쓰

저는 이루리입니다.

Tu je Ru Ri LI.

뚜 예 루 리 리

잠시만 기다리세요.

Počkajte chvíľu, prosím.

뽀츄까이뗴 흐빌류 쁘로씸

메모를 남겨도 될까요?

Mohol (Mohla) by som tu nechať odkaz?

모홀(모흘라) 비 쏨 뚜 네핫 오뜨까쓰

언제 그(녀)가 돌아옵니까?

Kedy sa vráti?

께디 싸 브라뛰

제게 전화하라고 그(녀) 에게 말씀해주세요.

Povedzte mu (jej), nech mi zavolá.

뽀베드스뗴 무 (예이) 네흐 미 자볼라

핸드폰	mobil	모빌
(핸드폰) 음성메시지	hlasová schránka	흘라쏘바 스흐랑까
문자 메시지	smska	에쓰엠에쓰까
다이얼을 누르다 (돌리다)	vytočiť číslo	비또췯 취슬로
전화를 안 받는다	Nikto neberie telefón.	뉘끄또 네베리에 뗄레폰

전화 잘못 하셨습니다.

To je omyl.

또 예 오밀

당신의 유선전화/핸드폰 번호가 어떻게 됩니까?

Aké máte telefónne číslo na pevnú linku/na mobil?

아께 마떼 뗄레포네 취슬로 나 뻬브누 링꾸/나 모빌

국제 로밍폰을 이용해서 편하게 여행하고 있어요.

Cestujem v pohode s roamingovým mobilom.

쩨스뚜엠 프 뽀호데 즈 로밍고빔 모빌롬

인터넷으로 통화할 수 있습니까?

Dá sa telefonovať cez internet?

다 싸 뗄레포노밧 쩨즈 인떼르넷?

인터넷 카페가 어디에 있습니까?

Kde je tu internetová kaviareň?

그녜 예 뚜 인떼르넷또바 까비아렌느

인터넷 카페	internetová kaviareň	인떼르넷또바 까비아렌느
컴퓨터	počítač	뽀취따츄
다운로드 받다	stiahnuť	스뛰아흐눗
이메일 주소	emailová adresa	이메일로바 아드레싸
출력하다	vytlačiť	비뜰라췻

여기 어디 인터넷 접속할 수 있는 곳이 있습니까?

Dá sa tu niekde pripojiť k internetu?

다 싸 뚜 뉘에그데 쁘리뽀잇 끄 인떼르넷뚜

인터넷 사용료는 분당 얼마입니까?

Koľko stojí internet za minútu?

꼴꼬 스또이 인떼르넷 자 미누뚜

여기 인터넷 카페에서 국제 전화 할 수 있습니까?

Je tu v internetovej kaviarni možné volať do zahraničia?

예 뚜 브 인떼르넷또베이 까비아르니 모쥬네 볼랏 도 자흐라뉘취아

여기서 스캔 가능합니까?

Môžem tu skenovať?

무오쳄 뚜 스께노밧

여기서 텍스트 문서 출력 가능합니까?

Dá sa tu vytlačiť textový dokument?

다 싸 뚜 비뜰라췻 떽스또비 도꾸멘뜨

MÚZEUM

어려움에 처했을 때

주의사항 한 마디

설레임과 기대, 그리고 약간의 긴장 속에서 여행을 하다 보면 충분히 계획을 세웠다 해도 뜻하지 않은 문제점이 발생할 수 있습니다.

의약품

여행을 하다 보면 급작스럽게 아픈 경우가 있는데, 정도가 심하지 않다면, 여행 전에 한국에서 미리 준비해간 상비약으로 해결할 수 있을 것이며, 간단한 의약품 등은 슬로바키아의 약국에서도 구입할 수 있을 것입니다. 그러나 경우에 따라서는 우리나라에서는 상비약으로 약국에서 구입할 수 있는 약품들도 슬로바키아에서는 의사의 처방전을 필요로 하는 경우가 많으니, 다양한 상황에 대비하여 여러 가지 상비약을 충분히 준비해 가는 것이 좋습니다.

브라티슬라바에서 비상시 이용할 수 있는 의료기관과 24시간 오픈하는 약국은 다음과 같습니다.

-병원

성인용 응급 의료 서비스	구 역	주 소	전 화
Policlinic Bezručova	Bratislava I	Bezručova 5	02/ 52 96 24 61
Policlinic Ružinov	Bratislava II	Ružinovská 10	02/ 43 33 37 28
Policlinic Tehelná	Bratislava III	Tehelná 26	02/ 44 37 26 88
Policlinic Karlova Ves	Bratislava IV	Líščie údolie 57	02/ 65 42 58 05
Health centre Strečnianska	Bratislava V	Strečnianska 13	02/ 63 83 38 78

아동용 응급 의료 서비스	구 역	주 소	전 화
Teaching hospital with policlinic for children	Bratislava III	Limbová 1	02/ 59 37 17 77
Policlinic Ružinov	Bratislava II	Ružinovská 10	02/ 43 33 86 45
Policlinic Karlova Ves	Bratislava IV	Líščie údolie 57	02/ 65 42 56 89
Health centre Strečnianska	Bratislava V	Strečnianska 13	02/ 63 83 31 30

치의료 구급 서비스 (브라티슬라바 전 구역)	Drieňová 38	02/ 43 42 34 33

– 응급 의료 약국

응급 의료 약국 주소	전화
Nám. SNP 20, Bratislava I, Staré Mesto	02/ 54 43 29 52
Palackého 10, Bratislava I, Staré Mesto	02/ 54 41 96 65
Ružinovská 12, Bratislava II, Ružinov	02/ 43 33 11 43
Račianske mýto 1, Bratislava III, Nové Mesto	02/ 44 45 52 91
Líščie údolie 57, Bratislava IV, Karlova Ves	02/ 65 42 59 62
Strečnianska 1, Bratislava V, Petržalka	02/ 63 83 58 68

여권 및 귀중품의 분실, 도난

슬로바키아에서의 여행 중 여권 및 귀중품을 분실하거나 도난 당하지 않기 위해서는 우선 본인이 주의를 기울이는 것이 최선의 방법입니다. 잃어버린 경우에는 다시 되찾는 것은 거의 불가능하며, 여행 중 차질이 생겨 즐거움보다는 불안함과 불쾌함이 남은 여정을 채워버릴 수 있기 때문입니다.

관광객들이 붐비는 장소, 사람이 많은 전차, 버스에서는 본인의 소지품에 항상 주의를 기울이도록 하며, 환전을 한 경우에도 금전을 안전하게 보관하는 것이 중요합니다. 사람이 많은 곳에서 돈이 가득 든 지갑을 연다거나, 들고 있는 가방에 잠시라도 주의를 소홀히 하면 소매치기의 표적이 되기 쉽습니다. 만일의 분

실에 대비하기 위해 여권번호, 여권 발급 연월일, 비행기표 번
호 등을 따로 메모해 두는 것도 좋습니다.
여권 분실 시에는 주슬로바키아 대한민국 대사관에 연락하시면
됩니다.

주소 : Embassy of the Republic of Korea
       (Veľvyslanectvo Kórejskej republiky)
       Dunajská 4
       811 08 Bratislava
       Slovak Republic

전화: (421 2) 3307-0711
팩스: (421 2) 3307-0731
업무시간: 월-금 (08:30-12:00, 13:30-16:30)

병이 나면

여행 전 상비약은 미리 준비해가는 것이 좋으며, 여행 중 몸이 아플 경우에는 외국어를 구사하는 의사가 있는 병원을 부탁하여 찾아보거나 혹은 병원에 가기 전에 미리 예약해야 할 필요가 있습니다.

몸이 좋지 않습니다.

Necítim sa dobre.

네찌띰 싸 도브레

영어를 하는 의사를 불러주십시오.

Zavolajte mi lekára, ktorý hovorí po anglicky.

자볼라이떼 미 레까라 끄또리 호보리 뽀 앙글리쯔끼

구급차를 불러 주시겠습니까?

Môžete mi zavolať sanitku, prosím?

무오줴뗴 미 자볼랏 싸뉘뜨꾸 쁘로씸

긴급합니다!

Je to naliehavé!

예 또 날리에하베

저를 병원에 데려다 주십시오.

Odvezte ma do nemocnice, prosím.

오드보스떼 마 도 네모쯔뉘쩨 쁘로씸

의사/여의사	lekár/lekárka	레까르/레까르까
간호사	zdravotná sestra	즈드라보뜨나 쎄스뜨라
구급차	sanitka	싸니뜨까
병원	nemocnica	네모쯔뉘짜
머리	hlava	흘라바

어디가 아프십니까?

Aké máte potiaže?

아께 마뗴 뽀뛰아줴

나는 아픕니다.

Som chorý (chorá).

쏨 호리 (호라)

(아픈 데를 가리키며) 여기가 아픕니다.

Tu ma to bolí.

뚜 마 또 볼리

머리/배/귀/다리/치아가 아픕니다.

Bolí ma hlava/brucho/ucho/noha/zub.

볼리 마 흘라바/브루호/우호/노하/줍

목이 아픕니다.

Bolí ma v krku.

볼리 마 프 끄륵꾸

치아	zuby	주비
잇몸	ďasno	댜쓰노
치통	bolesť zubov	볼레스뛰 주보우
치과의사	zubár	주바르
진단서	lekársky nález	레까르스끼 날레쓰

진단서를 끊어주십시오.

Vydajte mi prosím, lekársky nález.

비다이뗴 미 쁘로씸 레까르스끼 날레쓰

머리가 어지럽습니다.

Točí sa mi hlava.

또취 싸 미 흘라바

사랑니가/어금니가 너무 아픕니다.

Mám ostrú bolest zubov múdrosti/stoličiek.

맘 오스뜨루 볼레스뜨 주보우 무드로스뛰/스똘리취엑

이가 조금 부러졌습니다.

Odlomil sa mi kúsok zo zuba.

오들로밀 싸 미 꾸쏙 조 주바

눈에 이물질이 들어갔습니다.

Niečo mám v oku.

뉘에쵸 맘 브 오꾸

독감	chrípka	흐리쁘까
오한	zimnica	지므뉘짜
열이 납니다.	Mám horúčku.	맘 호루츄꾸
설사	hnačka	흐나츄까
식중독	otrava jedlom	오뜨라바 예들롬

감기에 걸렸습니다.

Som prechladnutý (prechladnutá).

쏨 쁘레흘라드누띠 (쁘레흘랴드누따)

나는 독감에 걸렸습니다.

Mám chrípku.

맘 흐리쁘꾸

오한이 납니다.

Mám zimnicu.

맘 지므뉘쭈

계속 구토가 납니다./속이 메스껍습니다.

Stále zvraciam./Dvíha sa mi žalúdok

스딸레 즈브라찌암/드비하 싸 미 좔루독

설사를 합니다./변비가 심합니다.

Mám hnačku./Mám potiaže so zápchou.

맘 흐나츄꾸/맘 뽀띠아줴 쏘 자프호우

발목	členok		출레녹
고/저혈압	vysoký /nízky krvný tlak	비쏘끼/니스끼 그르브니 뜰락
심장	srdce		스릇쩨
알레르기	alergia		알레르기아
나는 천식이 있습니다.	Mám astmu.	맘 아스뜨무

제가 식중독에 걸린 건가요?

Dostal(a) som otravu jedlom?

도스딸(라) 쏨 오뜨라부 예들롬

나는 발목을 삐었습니다.

Vytkol (Vytkla) som si členok.

비뜨꼴 (비뜨꼴라) 쏨 씨 출레녹

나는 약물 알레르기가 있습니다./흉부에 강한 통증이 느껴집니다.

Mám alergiu na lieky./Cítim silnú bolesť na hrudi.

맘 알레르기우 나 리엑끼/찌띔 씰누 볼레스뜨 나 흐루뒤

나는 심장 질환이 있습니다.

Mám problémy so srdcom.

맘 쁘로블레미 쏘 쓰릇쫌

숨쉬기가 힘듭니다.

Ťažko sa mi dýcha.

땨슈꼬 싸 미 디하

혈액 채취(피검사)	odber krvi	오드베르 끄르비
혈액형	krvná skupina	끄르브나 스꾸뻬나
병 (질환)	choroba	호로바
두통	bolesť hlavy	볼레스뛰 흘라비
약	liek	리엑

나는 비염이 있습니다./아토피가 있습니다.

Mám zápal nosnej sliznice./Mám atopiu.

맘 자빨 노쓰네이 슬리즈뉘쩨/맘 아또뻬우

이 약 복용 후에 졸음이 옵니까?

Budem sa po týchto liekoch cítiť ospalý/-á?

부뎀 싸 뽀 띠흐또 리엑꼬흐 찌뗏 오스빨리/오스빨라

제 혈액형은 RH+ A입니다.

Moja krvná skupina je A pozitív.

모야 끄레브나 스꾸뻬나 예 아 뽀지띠프

제 병이 심각한 상태입니까?

Myslíte si, že je to vážne?

미슬리뗴 씨 줴 예 또 바쥬네

부분 마취를 해야 합니까?

Budem potrebovať lokálne umŕtvenie?

부뎀 뽀뜨레보밧 로깔네 우므르뜨베뉘에

불면증에 걸렸습니다.	Trpím nespavosťou.	뜨르쁌 네스빠보스뚀우
약국	lekáreň	레까렌느
피부 연고	masť na pleť	마스뛰 나 쁠레뛰
의사 처방전	lekársky predpis	레까르스끼 쁘레드삐쓰
기침	kašeľ	까쉘

여기서 가장 가까운 약국이 어디에 있습니까?

Kde je tu najbližšia lekáreň?

그데 예 뚜 나이블리쉬아 레까렌느

진통제 알약이 필요합니다.

Potřebujem tabletky proti bolesti.

뽀트레부옘 따블렛뜨끼 쁘로뛰 볼레스뛰

기침 멈추는 약 처방해 주실 수 있습니까?

Môžem dostať liek proti kašľu?

무오쳄 도스땃 리엑 나 까슐류

이 처방전에 있는 약을 주십시오.

Dajte mi liek na tento recept.

다이뗴 미 리엑 나 뗀또 레쩹뜨

약을 얼마나 자주 복용해야 합니까?

Ako často mám brať lieky?

아꼬 촤스똣 맘 브랏 리엑끼

도난, 분실 및 사고

여행객들이 많이 붐비는 관광 명소, 혹은 전차 등과 같은 대중 교통을 이용하는 경우, 여행객들의 귀중품을 범죄의 표적으로 하는 소매치기들이 있으니 각별히 주의를 기울여야 합니다.

살려 주세요! 도와주세요!

Pomoc!

뽀모쯔

경찰을 불러주세요.

Zavolajte políciu.

자볼라이떼 뽈리찌우

도둑이야!

Chyťte zlodeja!

히뛰떼 즐로데야

지갑/가방/신용카드를 도둑 맞았습니다.

Ukradli mi peňaženku/tašku/kreditnú kartu.

우끄라들리 미 뻬냐젱꾸/따슈꾸/끄레디뜨누 까르뚜

도난 신고를 하고 싶습니다.

Chcel(a) by som ohlásiť krádež.

흐쩰(라) 비 쏨 오흘라씻 끄라데슈

경찰(서)	polícia	뽈리찌아
경찰관	policajt	뽈리짜잇
도난	krádež	끄라데슈
대사관	veľvyslanectvo	벨비슬라네쯔뜨보
소매치기	vreckový zlodej	브레쯔꼬비 즐로뎨이

여권을 분실했습니다.

Stratil(a) som cestovný pas.

스뜨라뗄(라) 쏨 쩨스또브니 빠쓰

대한민국 대사관에 전화해 주십시오.
Zavolajte prosím, na veľvyslanectvo Kórejskej
republiky.

자볼라이떼 쁘로씸 나 벨비슬라네쯔뜨보 꼬레이스께이 레뿌블리끼

호텔룸에서 시계를 잊고 왔습니다.

Zabudol (Zabudla) som hodinky v hotelovej izbe.

자부돌 (자부들라) 쏨 호딩끼 브 호뗄로베이 이즈베

카메라를 어디에 놓고 왔습니다.

Zabudol (Zabudla) som niekde svoj fotoaparát.

자부돌 (자부들라) 쏨 뉘에그데 스보이 포또아빠랏

택시에 잊은 물건이 있습니다.

Zabudol (Zabudla) som v taxíku svoje veci.

자부돌 (자부들라) 쏨 프 딱씨꾸 스보예 베찌

속도위반	prekročenie rýchlosti	쁘레끄로췌뉘에 리흘로스뛰
벌금	pokuta	뽀꾸따
자동차 사고	autonehoda	아우또네호다
고속도로	diaľnica	뒤알뉘짜
긴급전화	núdzové telefóny	누드조베 뗄레포니

당신은 허용된 속도를 위반했습니다.

Prekročili ste povolenú rýchlosť.

쁘레끄로췰리 스몌 뽀볼레누 리흘로스뛰

제가 교통 법규를 위반했습니까?

Učinil(a) som dopravný priestupok?

우취닐(라) 쏨 도쁘라브니 쁘리에스뚜뾱

제가 벌금을 내야 합니까?

Mám za to zaplatiť pokutu?

맘 자 또 자쁠라띳 뽀꾸뚜

제게 경미한 자동차 사고가 났는데요.

Mám malú autonehodu.

맘 말루 아우또네호두

이 고속도로 근처에 긴급전화가 있습니까?

Sú tu niekde núdzové telefóny na diaľniciach?

쏙 뚜 뉘에그데 누드조베 뗄레포니 나 뒤알뉘찌아흐

자동차 번호	štátna poznávacia značka (SPZ)	슈따뜨나 뽀즈나바찌아 즈나츄까
과실, 잘못	vina	비나
부상당한, 다친	zranený	즈라네니
렌터카	prenajaté auto	쁘레나야떼 아우또
견인 서비스	odťahová služba	오뜨땨호바 슬루쥬바

그(녀)가 내 차를 받았어요.

Nabúral(a) do môjho auta.

나부랄(라) 도 무오이호 아우따

그(녀)의 과실입니다.

To je jeho (jej) vina.

또 예 예호 (예이) 비나

다친 사람이 있습니까?

Je niekto zranený?

예 뉘에끄또 즈라네니

이것은 렌터카입니다.

To je prenajaté auto.

또 예 쁘레나야떼 아우또

견인차가 필요합니다.

Potrebujeme odťahovú službu.

뽀뜨레부예메 오뜨땨호부 슬루쥬부

부록

숫자

〈기수〉

0 nula 눌라	15 pätnásť 뺏나스뜨
1 jeden 예텐, jedna, jedno	16 šestnásť 쉐스나스뜨
2 dva 드바, dve, dve	17 sedemnásť 쎄뎀나스뜨
3 tri 뜨리	18 osemnásť 오쎔나스뜨
4 štyri 슈띠리	19 devätnásť 데벳나스뜨
5 päť 뺏	20 dvadsať 드바짯
6 šesť 쉐스뛰	30 tridsať 뜨리짯
7 sedem 쎄뎀	40 štyridsať 슈띠리짯
8 osem 오쎔	50 pätdesiat 뺏데씨앗
9 deväť 데벳	60 šesťdesiat 쉐스뛰데씨앗
10 desať 데쌋	70 sedemdesiat 쎄뎀데씨앗
11 jedenásť 예데나스뜨	80 osemdesiat 오쎔데씨앗
12 dvanásť 드바나스뜨	90 deväťdesiat 데벳데씨앗
13 trinásť 뜨리나스뜨	100 sto 스또
14 štrnásť 슈뜨르나스뜨	

11 ~ 19 까지는 -násť
20 ~ 40 까지는 -dsať
50 ~ 90 까지는 -desiat
200   dvesto   드베스또

300	tristo	뜨리스또
400	štyristo	슈띠리스또
500	päťsto	뻿스또
600	šesťsto	쉐스뜨스또
700	sedemsto	쎄뎀스또
1 000	tisíc	뛰씨즈
2 000	dve tisíc	드베 뛰씨즈
3 000	tri tisíc	뜨리 뛰씨즈
4 000	štyri tisíc	슈띠리 뛰씨즈
5 000	päť tisíc	뻿 뛰씨즈
6 000	šesť tisíc	쉐스뛰 뛰씨즈
1 000 000	milión	밀리온
2 000 000	dva milióny	드바 밀리오니
5 000 000	päť miliónov	뻿 밀리오노우

끝자리가 0이 아닌 20 이상의 숫자 읽는 방법은 다음과 같습니다.

21	dvadsať jedna	드바짯 예드나
22	dvadsať dva	드바짯 드바
23	dvadsať tri	드바짯 뜨리

204	dvesto štyri	드베스또 슈띠리
302	tristo dva	뜨리스또 드바
1001	tisícjeden	뛰씨즈예덴

1997 tisíc deväťsto deväťdesiatsedem 뛰씨즈 데벳스또 데벳데씨 앗쎄뎀

(위와 같은 연도표기 등은 1000 / 900 / 97 이러한 방식으로 읽는다)

2007   dve tisíc sedem   드베 뛰씨쯔 쎄뎀

슬로바키아어에서 1은 단수, 2~4는 복수, 그리고 5 이상은 복수 소유격/생격 (genitiv plurálu)을 사용합니다.

〈단수〉

Kto je tu? [끄또 예 뚜] 여기에는 누가 있어요?

Je tu jeden muž [예 뚜 예덴 무슈] 여기에는 한 남자가 있어요.

Je tu jedna žena [예 뚜 예드나 줴나] 여기에는 한 여자가 있어요.

Je tu jedno dievča [예 뚜 예드노 뒤에프챠]

　　여기에는 한 소녀(아가씨)가 있어요.

Čo je tu? [쵸 예 뚜] 여기에는 무엇이 있나요?

Je tu jeden stôl [예 뚜 예덴 스뚜올]

　　여기에는 탁자 (책상) 하나가 있어요.

Je tu jedna kniha [예 뚜 예드나 *끄니하*]

　　여기에는 책 한권이 있어요.

Je tu jedno auto [예 뚜 예드노 아우또]

　　여기에는 자동차 한 대가 있어요.

복수 소유격/생격을 사용하는 경우 동사는 3인칭 단수형 어미를 갖습니다.

Tu je päť mužov [뚜 예 뼷 무죠우] 여기에 다섯 명의 남자가 있다.

Tam je desať študentov [뚜 예 뎨쌋 슈뚜덴또우]
    저기에 10명의 학생이 있다.

Tu je päť žien [뚜 예 뼷 쥐엔] 여기에 다섯 명의 여자가 있다.

그리고 2 ~ 4까지의 수사에 남성 생물 명사가 후행하는 경우, 수사
에도 다음과 같은 변화가 나타나는 것을 유념해야 합니다.

dvaja muži [드바야 무쥐] 두(명의) 남자들

traja muži [뜨라야 무쥐] 세(명의) 남자들

štyria muži [슈띠리아 무쥐] 네(명의) 남자들

Tu sú dvaja muži [뚜 쑤 드바야 무쥐] 여기에는 두 남자가 있어요.

Tu sú traja Kórejci [뚜 수 뜨라야 꼬레이찌]
    여기에는 세 명의 한국인이 있어요.

5이상의 경우는 다음과 같습니다.

päť mužov [뼷 무죠우] 5(명의) 남자들

šesť mužov [쉐스뛰 무죠우] 6(명의) 남자들

그러나 남성 무생물 명사, 여성 그리고 중성 명사가 후행하는 경우
에는 남성 생물 명사에서와 같은 수사의 변화가 보이지 않습니다.

dva roky [드바 로끼] 2년(年)

dva dni [드바 드뉘] 이틀

dve ženy [드베 줴니] 두(명의) 여자

dve autá [드베 아우따] 두 대의 자동차

tri roky [뜨리 로끼] 3년(年)

tri dni [뜨리 드뉘] 사흘

tri ženy [뜨리 줴니] 세(명의) 여자

tri autá [뜨리 아우따] 세 대의 자동차

päť rokov [뻿 로꼬우] 5년(年)

päť dní [뻿 드뉘] 닷새

päť žien [뻿 쥐엔] 다섯 명의 여자

päť áut [뻿 아웃] 다섯 대의 자동차

나이를 물어볼 때

Koľko máš rokov? [꼴꼬 마슈 로꼬우] 너 몇 살이니?

Koľko máte rokov? [꼴꼬 마떼 로꼬우] 연세가 어떻게 되십니까?

    - (Mám) 21 rokov [맘 드바짯 예드나 로꼬우] 21살입니다.

    - (Mám) 33 rokov [맘 뜨리짯 뜨리 로꼬우] 33살입니다.

가격을 물어볼 때

Koľko to stojí? [꼴꼬 또 스또이] 이것은 (그것은) 얼마예요?

    - Stojí to 500 euro. [스또이 또 뻿스또 에우로] 500 유로입니다.

<서수>

슬로바키아어의 서수는 형용사처럼 격변화합니다. 날짜, 시간, 순서 등을 표현하는 데 사용됩니다.

1. prvý 쁘르비 prvá, prvé	19. devätnásty 데벳나스띠, -a, -e
2. druhý 드루히, druhá, druhé	20. dvadsiaty 드바찌아띠, -a, -e
3. tretí 뜨레뛰, tretia, tretie	30. tridsiaty 뜨리찌아띠, -a, -e
4. štvrtý 슈뜨브르띠, -á, -é	40. štyridsiaty 슈띠리찌아띠, -a, -e
5. piaty 삐아띠, -a, -e	50. päťdesiaty 뻿데씨아띠, -a, -e
6. šiesty 쉬에스띠, -a, -e	60. šesťdesiaty 쉐스뜨데씨아띠, -a, -e
7. siedmy 씨에드미, -a, -e	70. sedemdesiaty 쎄뎀데씨아띠, -a, -e
8. ôsmy 우오쓰미, -a, -e	80. osemdesiaty 오쎔데씨아띠, -a, -e
9. deviaty 데비아띠, -a, -	90. deväťdesiaty 데벳데씨아띠, -a, -e
10. desiaty 데씨아띠, -a, -e	100. stý 스띠, -á, -é
11. jedenásty 예데나스띠, -a, -e	1 000. tisíci 뛰씨띠, -ia, -ie
12. dvanásty 드바나스띠, -a, -e	1 000 000. miliónty 밀리온띠, -a, -e
13. trinásty 뜨리나스띠, -a, -e	
14. štrnásty 슈뜨르나스띠, -a, -e	
15. päťnásty 뻿나스띠, -a, -e	
16. šestnásty 쉐슷나스띠, -a, -e	
17. sedemnásty 쎄뎀나스띠, -a, -e	
18. osemnásty 오쎔나스띠, -a, -e	

참조

끝자리가 0이 아닌 다른 서수를 읽는 방식은 다음과 같습니다.

42. štyridesiaty (-a, -e) druhý (-á, -é) [슈띠리데씨아띠 드루히]
58. päťdesiaty (-a, -e) ôsmy (-a, -e) [뺏데씨아띠 우오쓰미]
75. sedemdesiaty (-a, -e) piaty (-a, -e) [쎄뎀데씨아띠 삐아띠]
97 deväťdesiaty (-a, -e) siedmy (-a, -e) [데벳데씨아띠 씨에드미]

〈분수와 소수〉

1/2	pol	뽈
1/3	tretina	뜨레뛰나
2/3	dve tretiny	드베 뜨레뛰니
1/4	štvrtina	슈뜨브르뛰나
3/4	tri štvrtiny	뜨리슈뜨브르뛰니
0.1	nula celá jedna	눌라 쩰라 예드나
0.5	jedna celá päť	예드나 쩰라 뺏
1.0	jedna celá nula	예드나 쩰라 눌라
0.2	dve celé dva	드베 쩰레 드바
1.5	jedna celá päť	예드나 쩰라 뺏드

0.01 nula celá jedna stotina, nula celá nula jedna
　　　눌라 쩰라 예드나 스또뛰나, 눌라 쩰라 눌라 예드나

0.001 nula celá jedna tisícina, nula celá nula nula jedna
　　　눌라 쩰라 예드나 뛰씨찌나, 눌라 쩰라 눌라 눌라 예드나

všetci [프쉐뜨찌] / všetko [프쉐뜨꼬] 전원 (사람) / 전부, 모두 (사물)

nikto [뉘끄또] / nič [뉘츠] 그 누구도 ~않다 / 아무것도 ~않다.

계절·월·요일·날·시간

〈계절〉

4계절 Štyri ročné obdobia 슈띠리 로츄네 오브도비아

봄 jar [야르], 봄에 na jar [나야르]
여름 leto [레또], 여름에 v lete [블레떼]
가을 jeseň [예쎈느], 가을에 na jeseň [나예쎈느]
겨울 zima [지마], 겨울에 v zime [브지메]

〈월〉

1월 január 야누아르	1월에 v januári 브야누아리
2월 február 페브루아르	2월에 vo februári 보페브루아리
3월 marec 마레쯔	3월에 v marci 브마르찌
4월 apríl 아쁘릴	4월에 v apríli 브아쁘릴리
5월 máj 마이	5월에 v máji 브마이
6월 jún 윤	6월에 v júni 브유니
7월 júl 율	7월에 v júli 브율리
8월 august 아우구스뜨	8월에 v auguste 브아우구스떼
9월 september 쎕뗌베르	9월에 v septembri 프쎕뗌브리
10월 okbóber 옥또베르	10월에 v októbri 브옥또브리
11월 november 노벰베르	11월에 v novembri 브노벰브리
12월 december 데쩸베르	12월에 v decembri 브데쩸브리

오늘은 무슨 요일인가요? Čo je dnes? [쵸 예 드네쓰]	언제? Kedy? [께디]
오늘은 월요일이에요. Dnes je pondelok [드네쓰 예 뽄델록]	월요일에 v pondelok [프뽄델록]
화요일 utorok [우또록]	화요일에 v utorok [브우또록]
수요일 streda [스뜨레다]	수요일에 v stredu [프스뜨레두]
목요일 štvrtok [슈뜨브르똑]	목요일에 vo štvrtok [보슈뜨브르똑]
금요일 piatok [삐아똑]	금요일에 v piatok [프삐아똑]
토요일 sobota [쏘보따]	토요일에 v sobotu [프쏘보뚜]
일요일 nedeľa [네델랴]	일요일에 v nedeľu [브네델류]

〈날〉

오늘이 며칠이지요? **Ktorého je dnes?** 끄또레호 예 드네쓰
Koľkého je dnes? 꼴께호 예 드네쓰

5월 20일 (20. mája) dvadsiateho mája 드바찌아떼호 마야
8월 8일 (8. augusta) ôsmeho augusta 우오쓰메호 아우구스따

오늘	dnes	드네쓰
내일	zajtra	자이뜨라
어제	včera	프췌라
모레	pozajtra	뽀자이뜨라
그저께	predvčerom	쁘레드프췌롬
생일	narodeniny	나로데뉘니
근무일 (평일)	pracovný deň	쁘라쪼브니 뎬
휴무일	voľný deň	볼니 뎬
국경일 (명절)	sviatok	스비아똑
휴가	dovolenka	도볼렝까
방학	prázdniny	쁘라즈드뉘니
주말	víkend	비껜드

〈시간〉

Koľko je hodín? [꼴꼬 예 호뒨] 몇 시입니까?

1시예요 Je jedna hodina 예 예드나 호뒤나 단수

2시예요 Sú dve hodiny 쑤 드베 호뒤니

3시예요 Sú tri hodiny 쑤 뜨리 호뒤니 } 복수

4시예요 Sú štyri hodiny 쑤 슈띠리 호뒤니

5시예요 Je päť hodín 예 뺏 호뒨
6시예요 Je šesť hodín 예 쉐스뛰 호뒨
7시예요 Je sedem hodín 예 쎄뎀 호뒨
8시예요 Je osem hodín 예 오쎔 호뒨
9시예요 Je deväť hodín 예 데벳 호뒨
10시예요 Je desať hodín 예 데쌋 호뒨
11시예요 Je jedenásť hodín 예 예데나스뜨 호뒨
12시예요 Je dvanásť hodín 예 드바나스뜨 호뒨

> 복수 소유격 (생격)

아침(에) ráno 라노
오전 dopoludnie 도뽈레드네
오전에 doobeda 도오베다
오후 odpoludnie, popoludnie 오뜨뽈루드뉘에, 뽀뽈루드뉘에
오후에 popoludní 뽀뽈루드뉘
저녁(에) večer 베췌르
밤 noc 노쯔
밤에 v noci 브 노찌

국경일 및 기념일

1.január   Deň vzniku Slovenskej republiky
            (1월1일, 슬로바키아 건국 기념일)

5.júl	sviatok svätého Cyrila a svätého Metoda
	(7월 5일, 성 찌릴과 메또데우스 기념일)
29.august	výročie Slovenského národného povstania
	(8월 29일, 슬로바키아 민족 봉기 기념일)
1.September	Deň ústavy Slovenskej republiky
	(9월 1일, 슬로바키아 제헌절)
6.január	Zjavenie pána
	(1월 6일, 신현절)
	Veľkonočné sviatky
	(부활절은 해마다 날짜가 다르며, 일반적으로 3월 말에서 4월 사이에 있다)
1.máj	Sviatok práce
	(5월 1일, 노동절)
15.september	Sedembolestná Panna Mária
	(9월 15일, 고통의 성모 마리아 기념일)
1.november	sviatok Všetkých svätých
	(11월 1일, 모든 성인(聖人)들의 날)
24.december	Štedrý deň
	(12월 24일, 크리스마스 이브)
25.december	prvý sviatok vianočný
	(12월 25일, 성탄 제 1축일)
26.december	druhý sviatok vianočný
	(12월 26일, 성탄 제 2축일)

가족관계

가족	rodina	로뒤나
친척	príbuzný	쁘리부즈니
할머니	babička 바비츄까, stará mama	스따라 마마
할아버지	dedko 데뜨꼬, starý otec	스따리 오뗴쯔
아버지	otec	오뗴쯔
어머니 (엄마)	mama	마마
남편	manžel	만젤
아내	manželka	만젤까
형, 오빠	starší brat	스따르쉬 브랏
남동생	mladší brat	믈랏쉬 브랏
누나, 언니	staršia sestra	스따르쉬아 쎄스뜨라
여동생	mladšia sestra	믈랏쉬아 쎄스뜨라
딸	dcéra	드쩨라
아들	syn	씬
어린이, 아동, 자녀	dieťa	뒤에땨
쌍둥이	dvojča	드보이촤
이모, 고모, 숙모	teta	뗴따
삼촌, 이모부, 고모부	strýko	스뜨리꼬
시아버지	svokor	스보꼬르
시어머니	svokra	스보끄라

장인	tesť	떼스뛰
장모	testiná	떼스뛰나
며느리	nevesta	네베스따
사위	zať	잣뛰
자형, 매부, 처남, 시숙	švagor	슈바고르
형수, 처형, 시누이, 올케	švagriná	슈바그리나
남자사촌	bratranec	브라뜨라네쯔
여자사촌	sesternica	쎄스떼르뉘짜
남자조카	synovec	씨노베쯔
여자조카	neter	네떼르

주요표지 및 경고판

개점	otvorené	오뜨보레네
폐점	zatvorené	자뜨보레네
개조심	Pozor, zlý pes!	뽀조르 즐리 뻬쓰
구급차	Sanitka, Ambulancia	싸니뜨까, 암불란찌아
금연	Zákaz fajčenia	자까쓰 파이췌뉘아
긴급 전화	Núdzové volania	누드조베 볼라뉘아
독성이 있는	Toxický	똑씨쯔끼
무료입장	Vstup voľný	프스뚭 볼니
(문을) 미시오/당기시오	tlačiť (tam)/ ťahať (sem)	뜰라췻 (땀)/ 따핫 (쎔)

부상(사고) 위험	Nebezpečie úrazu	네베스뻬취에 우라주
비상구	Núdzový východ	누드조비 비호뜨
소화기	Hasiaci prístroj	하씨아찌 쁘리뜨로이
속도를 줄이시오	Uber plyn	우베르 쁠린
손대지 마시오	Nedotýkať sa	네도띠깟 싸
식수	Pitná voda	삐뜨나 보다
안내소	Informácie	인포르마찌에
응급처치	Prvá pomoc	쁘르바 뽀모쯔
입구	Vchod	프호뜨
출구	Východ	비호뜨
주의 (조심)	Pozor	뽀조르
주차금지	Zákaz parkovania	자까쓰 빠르꼬바뉘아
진입금지	Zákaz vjazdu	자까쓰 브야즈두
출입금지	Zákaz vstupu	자까쓰 프스뚜뿌
폭발의 위험이 있는	Nebezpečie výbuchu	네베스뻬취에 비부후
남자	muž	무슈
여자	žena	줴나

기본적인 문법

〈슬로바키아어 명사의 성(性)〉

사물이나 사람, 명칭을 나타내는 말은 명사에 속하며, 슬로바키아어의 명사는 문법상의 성을 가지고 있어, 남성 (M: maskulínum, masculin), 여성 (F: femínínum, feminine), 중성 (N: neutrum, neuter)으로 나누어지고 남성은 다시 생물 (Ma: masculine animate)과 무생물 (Mi: masculine inanimate)로 나누어집니다. 남성 생물은 생물학적인 성이 있으므로 남성 생물로 표기되지만, 남성 무생물, 여성, 중성은 문법적인 성을 갖게 됩니다. 남성 명사는 대부분 자음으로 끝나고 여성명사는 대부분 모음으로 끝나며, 중성명사는 대부분 모음 -e, -ie, -o로 끝납니다. 명사의 성에 따라 수사, 지시 대명사, 형용사도 일치를 보입니다. 그러나 슬로바키아어에서는 영어나 독일어 등에서 나타나는 관사가 없으며, 지시 대명사 ten, tá, to에는 관사의 역할도 포함되어 있습니다.

jeden muž [예덴 무슈] 한 남자
ten muž [뗀 무슈] 그 남자 } 남성 생물 (Ma)
múdry muž [무드리 뮤슈] 영리한 남자

jeden darček [예덴 다르쳌] 선물 하나
ten darček [뗀 다르쳌] 그 선물 } 남성 무생물 (Mi)
veľký darček [벨끼 다르쳌] 큰 선물

jedna žena [예드나 줴나] 한 여자
tá žena [따 줴나] 그 여자
múdra žena [무드라 줴나] 영리한 여자
} 여성 (F)

jedno auto [예드노 아우또] 자동차 한 대
to auto [또 아우또] 그 자동차
kórejské auto [꼬레이스께 아우또] 한국 자동차
} 중성 (N)

〈격변화〉

슬로바키아어는 굴절어에 속하는 언어이기 때문에 명사, 대명사, 형용사, 수사 등은 문법적으로 다양한 격변화 (declination; deklinácia)를 합니다. 따라서 올바른 표현을 하기 위해서는 슬로바키아어에서 나타나는 모든 격들의 단수형, 복수형을 모두 이해하는 것이 그 바탕이 되어야 합니다. 처음에는 매우 어렵게 느껴지지만, 결국 이러한 격변화를 통해 슬로바키아어가 매우 과학적인 언어라는 것을 깨닫게 되며, 동시에 정확한 슬로바키아어 구사를 위해 필수적인 부분입니다.

1격 : 주격 (nominative; nominativ) : kto? čo?
   — 사전에 기재되어 있는 원형이나 문장에서 주어로 사용되는 형태입니다.

     Eva spieva. 에바는 노래하고 있다.
     Kníhkupectvo je tam. 서점은 저기에 있다.

2격: 소유격/생격 (genitive; genitiv) : koho? čeho?

　－ 소유를 나타내거나 동사가 소유격을 지배하는 동사의 목적
　　어로 사용되거나 소유격을 지배하는 전치사에 후행하여 나
　　타납니다.

　　　dom <u>mojej sestry</u> 내 언니의 집
　　　auto <u>môjho brata</u> 내 형의 자동차

3격: 여격 (dative; dativ) : komu? čemu?

　－ ~에게 등과 같은 간접 목적어의 의미를 갖거나 여격을 지배
　　하는 동사의 목적어로 사용되며 여격을 지배하는 전치사에
　　후행하여 나타납니다.

　　　Kniha dávala <u>ľudskému životu</u> zmysel.
　　　책은 인간 생활에 의미를 부여했다.
　　　To sa <u>mi</u> páči. 이것은 내 마음에 든다.

4격: 대격 (accusative; akuzativ) : koho? čo?

　－ ~을, ~를 등과 같은 직접 목적어의 의미를 갖거나 대격을 지
　　배하는 동사의 목적어로 사용되며 대격을 지배하는 전치사
　　에 후행하여 나타납니다.

　　　<u>Ľúbim ťa</u>. 나는 너를 사랑해.
　　　Poznám <u>pána Nováka</u>. 나는 노박씨를 안다.

6격: 전치격 (local; lokál) : (o) kom? (o) čom?

　－ 항상 전치사와 함께 사용되는 격이며, 어떠한 장소에 있는
　　것을 나타내거나, 전치격을 지배하는 전치사에 후행하여 나

타납니다.

    Bývam <u>v Bratislave</u>. 나는 브라티슬라바에 산다.

    Hovoríme <u>o tebe</u>. 우리는 너에 대해 이야기한다.

7격: 조격 (instrumental; inštrumentál) : kým? čím?

  — 어떠한 수단이나, 방법, 도구 등을 나타내거나 조격을 지배하는 동사의 목적어로 또는 조격을 지배하는 전치사에 후행하여 나타납니다.

    Pôjdem do Košíc <u>autom</u>.

    나는 꼬쉬쩨에 자동차로 갈 것이다.

    Píšem <u>ceruzkou</u>. 나는 연필로 쓴다

참조

＊5격: 호격 (vocative; vokativ)

  — ~씨, ~님, ~야, ~아 등과 같이 누군가를 지칭하거나 호명할 때 사용됩니다. 현대 슬로바키아어에서는 호격이 거의 사용되지 않으며, 몇몇 어휘에서만 호격의 형태가 남아있습니다. (človeče!, majstre!, pane!)

슬로바키아어에서 나타나는 모든 전치사들은 하나 혹은 그 이상의 격을 지배합니다.

bez (~없이 + 소유격/생격) káva bez kofeínu 카페인 없는 커피

blízko (~근처에 + 소유격/생격) blízko domu 집 근처에

do (~로 + 소유격/생격) do konca 끝까지

od (~로부터 + 소유격/생격) od začiatku 처음부터

z(o) (~에서, ~로부터 + 소유격/생격) zo Soulu 서울에서

okrem (~을 제외하고 + 소유격/생격) okrem toho 그것을 제외하고

u (~에서 + 소유격/생격) u babičky 할머니 댁에서

k (~에게, ~을 향해 + 여격) k lekárovi 의사에게

kvôli (~을 위해, ~때문에 + 여격) kvôli tebe 너 때문에

pre (~을 위해 + 대격) pre Vás 당신을 위해

cez (~을 가로질러 + 대격) cez ulicu 길을 건너

na (~에, ~으로 + 대격) na koncert 콘서트에, 콘서트 보러

na (~에 + 전치격) na koncerte 콘서트에(서)

v (~때 + 대격) v stredu 수요일에

v (~안에 + 전치격) v Bratislave 브라티슬라바에

po (~을 따라, ~후에 + 전치격) po jedle 식사 후에

pri (~옆에, ~곁에, ~때 + 전치격) pri okne 창가에

nad (~위에 + 조격) nad stolom 탁자 위에

pod (~밑에 + 조격) pod stolom 탁자 밑에

pred (~앞에 + 대격) Išiel pred dom 그는 집 앞으로 지나갔다 (동작)

pred (~앞에 + 조격) pred domem 집 앞에 (상태)

za (~뒤에 + 대격) Zasadla za stôl 그녀는 책상 뒤로 앉았다 (동작)

za (~뒤에 + 조격) za zdou 벽 뒤에 (상태)

s (~와 함께, ~을 곁들인) čaj s mliekom 밀크티

〈형용사〉

슬로바키아어어의 형용사는 수식하는 명사의 성, 수, 격에 일치하는
양상을 보입니다. 아래의 도표는 명사와 형용사의 격변화 예입니다.

남성 생물 (Ma) —형용사, 명사 단수와 복수

sg.	쾌활한 청년	pl.	쾌활한 청년들
N.	veselý chlap	N.	veselí chlapi
G.	veselého chlapa	G.	veselých chlapov
D.	veselému chlapovi	D.	veselým chlapom
A.	veselého chlapa	A.	veselých chlapov
L.	(o) veselom chlapovi	L.	(o) veselých chlapoch
I.	veselým chlapom	I.	veselými chlapmi

남성 생물 (Ma) —형용사, 명사 단수와 복수

sg.	슬로바키아의 영웅	pl.	슬로바키아의 영웅들
N.	slovenský hrdina	N.	slovenskí hrdinovia
G.	slovenského hrdinu	G.	slovenských hrdinov
D.	slovenskému hrdinovi	D.	slovenským hrdinom
A.	slovenského hrdinu	A.	slovenských hrdinov
L.	(o) slovenskom hrdinovi	L.	(o) slovenských hrdinoch
I.	slovenským hrdinom	I.	slovenskými hrdinami

남성 무생물(Mi), 여성, 중성 — 형용사, 명사 단수

sg.	큰 나무	새 책	낯선 도시
N.	vysoký strom	nová kniha	cudzie mesto
G.	vysokého stroma	novej knihy	cudzieho mesta
D.	vysokému stromu	novej knihe	cudziemu mestu
A.	vysoký strom	novú knihu	cudzie mesto
L.	(o) vysokom strome	(o) novej knihe	(o) cudzom meste
I.	vysokým stromom	novou knihou	cudzím mestom

남성 무생물(Mi), 여성, 중성—형용사, 명사 복수

pl.	큰 나무들	새 책들	낯선 도시들
N.	vysoké stromy	nové knihy	cudzie mestá
G.	vysokých stromov	nových kníh	cudzích miest
D.	vysokým stromom	novým knihám	cudzím mestám
A.	vysoké stromy	nové knihy	cudzie mestá
L.	(o) vysokých stromoch	(o) nových knihách	(o) cudzích mestách
I.	vysokými stromami	novými knihami	cudzími mestami

〈인칭 대명사〉

인칭 대명사 단수형 격변화

sg.					
N.	ja 나	ty 너	on 그	ona 그녀	ono 그것
G.	ma, mňa	ťa, teba	ho, jeho, (do)neho, doňho, doň	jej, (od) nej	ho, jeho, (do)neho, doňho, doň
D.	mi, mne	ti, tebe	mu, jemu, (k) nemu	jej, (k) nej	mu, jemu, (k) nemu
A.	ma, mňa	ťa, teba	ma: jeho, ho (za) neho, zaňho mi: zaňho, zaň	ju, (za) ňu	ho, zaň
L.	(o) mne	(o) tebe	(o) ňom	(o) nej	(o) ňom
I.	mnou	tebou	(s) ním	(s) ňou	(s) ním

인칭 대명사 복수형 격변화

pl.	N.	my 우리	vy 당신(들)	oni, ony / ony /ony 그들
	G.	nás	vás	ich, (do) nich
	D.	nám	vám	im, (k) nim
	A.	nás	vás	ma: ich, (za) nich mi, f, n: ich, (za) ne
	L.	(o) nás	(o) vás	(o) nich
	I.	nami	vami	(s) nimi

<소유 대명사>

소유 대명사도 성, 수, 격에 있어 명사에 일치를 보이며, 형용사처럼 격변화합니다. 소유 대명사 jeho와 jej는 격변화하지 않습니다. 다음의 표는 각 소유 대명사의 단수주격과 복수 주격을 예제로 하여 나타내고 있습니다.

	남성 생물/ 무생물 (ma, mi)	여성(f)	중성(n)	남성 생물/ 무생물 복수	여성 복수	중성 복수
나의	môj	moja	moje	moji (ma) moje (mi)	moje	moje
너의	tvôj	tvoja	tvoje	tvoji (ma) tvoje (mi)	tvoje	tvoje
그의	jeho	jeho	jeho	jeho	jeho	jeho
그녀의	jej	jej	jej	jej	jej	jej
우리들의	náš	naša	naše	naši (ma) naše (mi)	naše	naše
당신(들)의	váš	vaša	vaše	vaši (ma) vaše (mi)	vaše	vaše
그들의	ich	ich	ich	ich	ich	ich

<동사>

슬로바키아어 동사 현재시제 기본 변화형

주어에 따라 동사의 어미가 변화합니다.

	I. 그룹 동사원형 -ať	II.그룹 동사원형 -iť, -eť	III. 그룹 동사원형 -ovať

	I. hľadať 찾다		II. robiť 하다, 만들다		III. pracovať 일하다	
단수 sg.	(ja) hľadám	-ám	robím	-ím	pracujem	-ujem
	(ty) hľadáš	-áš	robíš	-íš	pracuješ	-uješ
	(on) hľadá	-á	robí	-í	pracuje	-uje
	(ona)					
	(ono)					
복수 pl.	(my) hľadáme	-áme	robíme	-íme	pracujeme	-ujeme
	(vy) hľadáte	-áte	robíte	-íte	pracujete	-ujete
	(oni) hľadajú	-ajú	robia	-ia	pracujú	-ujú
	(ony)					
	(ony)					

IV. 그룹 동사원형 -ieť		V. 그룹 불규칙 활용형	
rozumieť 이해하다		písať 쓰다, 필기하다	
rozumiem	-iem	píšem	-em
rozumieš	-ieš	píšeš	-eš
rozumie	-ie	píše	-e
rozumieme	-ieme	píšeme	-eme
rozumiete	-iete	píšete	-ete
rozumejú	-ejú	píšu	-u/-ú

동사의 부정 (negácia)은 동사 앞에 부정 접두사 ne-를 붙여주면 됩니다.

Mám slovník. 나는 사전이 있다 → **Ne**mám slovník. 나는 사전이 없다.

* 단수 - ja (나), ty (너), on (M: 그), ona (F: 그녀), ono (N: 그것), 복수 - my (우리), vy (당신, 당신들), oni (Ma), ony (Mi), ony(F), ony (N) (그들) 즉, 슬로바키아어 동사는 주어에 따라 어미가 변합니다. 동사가 변화하지 않는 원형을 부정사 (infinitív; INF)라고 하고, 주어가 정해져 인칭 변화한 동사형을 정동사 (verbum finitum; VF)라고 합니다.

* 슬로바키아어에서 2인칭을 가리키는 경우 2인칭 단수형과 복수형 두 가지가 있는데, 인칭 대명사 ty는 가깝거나 친근한 사이에서 '너' 라는 의미로 사용되는 친칭이며, 인칭대명사 vy는 '당신', '당신들', '여러분들' 이라는 의미로 상대방에 대한 경칭이나 존칭으로서 또는 그 대상이 복수일 경우 사용됩니다. 슬로바키아어에서는 동사 어미에 이미 인칭도 표현되어 있기 때문에, 언어 표현에 있어 꼭 필요한 경우나 강조를 제외하고는 굳이 인칭 대명사를 사용하지 않아도 됩니다.

주요한 불규칙 동사들의 현재형

	byť 이다, 있다	jesť 먹다	ísť 가다, 오다
ja	som	jem	idem
ty	si	ješ	ideš
on / ona / ono	je	je	ide
my	sme	jeme	ideme
vy	ste	jete	idete
oni /ony /ony	sú	jedia	idú

byť 동사의 부정은 nie + byť 동사의 활용형입니다.
Som študent (나는 학생이다) x Nie som študent (나는 학생이 아니다)

의문문은 평서문에서 주어와 동사의 위치를 도치하거나 평서문의 어순을 유지하며 문미의 억양을 올리는 방법이 있습니다.
Peter je študent. 뻬떼르는 학생입니다.
Peter je študent (↗)? 뻬떼르는 학생입니까?
Je Peter študent (↗)? 뻬떼르는 학생입니까?

동사의 과거형

동사의 과거형은 일반적으로 동사의 원형에서 -ť를 탈락시키고 과거형 어미 -l을 결합시켜 형성됩니다. 동사의 과거형은 주어의 성, 수에 일치하는 양상을 보이며 과거시제 표현시 byť 동사의 활용형과 함께 사용되지만, 3인칭 단, 복수에서는 byť 동사는 배제됩니다.

čakať (기다리다)

인칭	단 수	복 수
1.	čakal som (ma) čakala som (f)	čakali sme (ma) čakali sme (f)
2.	čakal si (ma) čakala si (f)	čakali ste (ma) čakali ste (f)
3.	čakal (ma) čakala (f) čakalo (n)	čakali (ma) čakali (f) čakali (n)

hovoriť (말하다) - hovoril, hovorila, hovorilo : hovorili
pracovať (일하다) - pracoval, pracovala, pracovalo : pracovali
robiť (하다, 만들다) - robil, robila, robilo : robili
spať (잠자다) - spal, spala, spalo : spali

주요한 불규칙 동사들의 과거형

	byť 이다, 있다	jesť 먹다	ísť 가다, 오다
ja	bol som (ma) bola som (f)	jedol som (ma) jedla som (f)	išiel/šiel som (ma) išla/šla som (f)
ty	bol si (ma) bola si (f)	jedol si (ma) jedla si (f)	išiel/šiel som (ma) išla/šla som (f)
on ona ono	bol bola bolo	jedol jedla jedlo	išiel/šiel išla/šla išlo/šlo
my	boli sme	jedli sme	išli/šli sme
vy	boli ste	jedli ste	išli/šli ste
oni ony ony	boli	jedli	išli/šli

Včera **som telefonoval** s kórejským kolegom.

나는 어제 한국 동료와 전화통화를 하였다.

Zabudol som heslo. 나는 패스워드(비밀번호)를 잊어버렸다.

2인칭 단수 존칭에 대한 과거시제는 2인칭 복수처럼 동사의 복수형을 사용합니다.

Kde **ste** boli? 당신(들)은 어디에 계셨습니까?

Dobre **ste si** vybrali. 잘 선택하셨습니다.

재귀대명사 sa, si는 문장에서 항상 두 번째에 위치하는 고정어순 (záväzný slovosled)에 해당하여, 과거시제의 문형에서는 byť 동사 바로 뒤에 위치합니다.

Ako **sa** máte? 어떻게 지내세요?

Dajme **si** ešte pohárik. 한 잔 더 합시다.

Vrátili **sme sa** po brehu späť k mostu.

우리는 강변을 따라 다리쪽으로 다시 돌아왔다.

Prezreli **sme si** takmer všetky galérie.

우리는 거의 모든 갤러리들을 관람했다.

Vôbec na nič **som sa** nepýtal.

나는 아무 것에 관해서도 묻지 않았다.

동사의 상

슬로바키아어 동사의 가장 중요한 특징은 바로 상(vid; aspect)입니다. 상은 상황을 바라보는 방식의 차이를 의미합니다. 슬로바키아어 동사는 완료상 동사 (dokonavé sloveso)와 불완료상 동사 (nedokonavé sloveso)로 나누어지며, 대부분 상쌍 (slovesná dvojica)을 이루고 있습니다. 이는 불완료상 동사는 해당 완료상 동사와 쌍을 이루어 존재하고 있다는 것을 의미합니다. 따라서 슬로바키아어 동사를 습득하는 경우, 상을 염두에 두고 불완료상 동사와 완료상 동사의 쌍을 이해하여 암기해야 합니다.

완료상 동사는 사건을 외부적인 관점에서 바라보며 전체적인 한 덩어리로 보고 동작의 완료, 종결에 초점을 맞춥니다.

불완료상 동사는 사건을 내부적인 관점에서 바라보며 상황이나 동작의 진행, 지속, 반복을 나타내고, 동작의 완료나 종결에 대한 언급이 없습니다.

슬로바키아어의 시제는 과거, 현재, 미래 시제로 나누어집니다. 동사의 상은 시제와도 밀접한 관련이 있습니다. 완료상 동사는 과거와 미래시제만을 나타낼 수 있기 때문에, 완료상 동사의 현재형은 현재시제를 나타내는 것이 아니라 미래시제를 나타내는 것입니다. 불완료상 동사는 과거, 현재, 미래시제 모두 나타낼 수 있습니다.

완료상 동사는 불완료상 동사로부터 접두사 또는 접미사를 통해 파생된다. 슬로바키아어 사전에 불완료상 동사와 완료상 동사의 관계가 화살표로 표시되는 경우도 있는데, 즉 urobiť〈robiť (하다), kúpiť〈kupovať (사다)에서처럼 화살표가 향하고 있는 쪽이 완료상 동사입니다.

완료상 동사의 미래시제

O mesiac <u>odídem</u> do Bratislavy.

나는 한 달 후에 브라티슬라바로 떠난다.

Zajtra <u>si kúpim</u> digitálny slovník. 나는 내일 전자 사전을 살 것이다.

불완료상 동사의 미래시제

불완료상 동사의 미래시제는 'byť 동사의 미래형 + 불완료상 동사 원형' 으로 이루어집니다. 완료상 동사는 현재형으로 미래시제를 나타내기 때문에, byť 동사와 결합하는 복합형은 형성하지 않습니다.

	byť 동사의 미래형		
sg. 1.	budem	pl. 1.	budeme
2.	budeš	2.	budete
3.	bude	3.	budú

<u>Budem kupovať</u> len nízkokalorické potraviny.

나는 저칼로리 식품만 살 것이다.

Peter a Sylvia <u>budú študovať</u> na univerzite v Soule.

뻬떼르와 실비아는 서울에 있는 대학교에서 공부할 것이다.

ten stôl (그 탁자), tá kniha (그 책), to auto (그 자동차)
tento stôl (이 탁자), táto kniha (이 책), toto auto (이 자동차)

sg.	M	F	N	pl.	M	F	N
N.	ten (m)	tá (f)	to (n)	N.	tí (ma) tie (mi)	tie	tie
G.	toho	tej	toho	G.	tých		
D.	tomu	tej	tomu	D.	tým		
A.	toho (ma) ten (mi)	tú	to	A.	tých (ma) tie (mi)	tie	tie
L.	(o) tom	(o) tej	(o) tom	L.	(o) tých		
I.	tým	tou	tým	I.	tými		

지시대명사 tento는 단수 소유격/생격에서 tohoto보다는 tohto 가 더 일반적으로 사용됩니다.

기본 단어

ㄱ

가다	ísť (idem ~ idú)	이스뜨
(대중) 가수	spevák(m), speváčka(f)	스뻬박, 스뻬바츄까
(영화)감독	režisér	레쥐쎄르
(오페라) 가수	operný spevák	오뻬르니 스뻬박
~까지	do	도
가게	obchod	옵호뜨
가격	cena	쩨나
가격표	cenník	쩨닉
가까운	blízky (m), blízka (f), blízke (n)	블리스끼, 블리스까, 블리스께
가깝게	blízko	블리스꼬
가끔	občas	옵촤쓰
가난한	chudobný	후도브니
가능하다면	ak je to možné	악 예 또 모쥬네
가득히	plne	쁠네
가루(약)	prášok	쁘라속
가방	taška	따슈까
가벼운	ľahký	랴흐끼
가슴	prsia	쁘르씨아

가이드	sprievodca (m), sprievodkyňa (f)	
	스쁘리에보뜨짜 (남), 스쁘리에보뜨끼냐 (여)	
가져가다	odniesť<odnášať	오드뉘에슷뜨<오드나샷
가져오다	priniesť<prinášať	쁘리뉘에슷뜨<쁘리나샷
가족	rodina	로뒤나
가죽	koža	꼬좌
가죽의	kožený	꼬줴니
각각의	každý	까쥬디
간호사	zdravotná sestra	즈드라보뜨나 쎄슷뜨라
갈증나는	smädný	스메드니
감기	nádcha	나트하
감사하다	ďakovať	댜꼬밧
감사합니다	ďakujem	댜꾸옘
감자	zemiak	제미악
갑자기	náhle	나흘레
갑판	paluba	빨루바
강한	silný	씰니
갖고 있다	mať (mám ~ majú)	맛 (맘 ~ 마유)
개	pes	뻬쓰
객차	vagón	바곤
거리 (街道)	ulica	울리짜
거리 (距離)	diaľka	뒤알까
거울	zrkadlo	즈르까들로
거의	skoro, takmer	스꼬로, 딱메르

거주하다	bývať	비밧
건강	zdravie	즈드라비에
건강한	zdravý	즈드라비
건물	budova	부도바
건전지	baterka	바떼르까
걸다	vešať	베샷
걸리다 (시간 등이)	trvať	뜨르밧
검은	čierny	취에르니
게시판	nástenka	나스뗑까
게임	hra	흐라
겨울	zima	지마
겨울에	v zime	브 지메
견디다	vydržať	비드르좟
결혼한	ženatý (m), vydatá (f)	줴나띠 (남), 비다따 (여)
경기장	štadión	슈따디온
경찰	polícia	뽈리찌아
경찰관	policajt	뽈리짜이뜨
계산대	pokladňa	뽀끌라드냐
계산서	účet	우췟
계속되다	pokračovať	뽀끄라쵸밧
계약서	zmluva	즈믈루바
계약을 체결하다	uzavrieť zmluvu	우자브리엣 즈믈루부
계획	plán	쁠란
고기	mäso	메쏘

고르다	vybrať<vyberať	비브랏<비베랏
고서적 상점	antikvariát	안띠끄바리앗
고양이	mačka	마츄까
고전적인	klasický	끌라씨쯔끼
고치다	opraviť<opravovať	오쁘라빗<오쁘라보밧
고향	domov	도모우
관광	turistika	뚜리스띠까
관광객	turista	뚜리스따
곧 (즉시)	hneď	흐네뛰
곧장	rovno	로브노
골동품	starožitnosť	스따로쥐뜨노슷뛰
골절	fraktúra	프락뚜라
골프	golf	골프
골프장	golfové ihrisko	골포베 이흐리스꼬
골프채	golfová palica	골포바 빨리짜
공연	predstavenie	쁘레뜨스따베뉘에
공원	park	빠르끄
공장	továreň	또바렌느
공중전화	telefónna búdka	뗄레포나 부뜨까
공항	letisko	레뛰스꼬
과일	ovocie	오보찌에
관광 버스	zájazdový autobus	자야즈도비 아우또부쓰
관광	turistika	뚜리스띠까
관광객	turista	뚜리스따

관광의	turistický	뚜리스띠쯔끼
관람하다	prehliadnuť (si)<prehliadať (si)	
		쁘레흘리아드눗 (씨) <쁘레흘리아닷 (씨)
관세	clo	쫄로
괜찮다	To nevadí.	또 네바뒤
교향곡	symfónia	씸포니아
구급차	sanitka	싸니뜨까
구두	topánky	또빵끼
구두쇠	lakomec	라꼬메쯔
구두약	krém na topánky	끄렘 나 또빵끼
구름	oblak	오블락
구매하다	kúpiť<kupovať	꾸삣<꾸뽀밧
구석	kút	꾿
국 (수프)	polievka	뽈리에우까
국가 (나라)	štát	슈땃
국경일 (명절)	sviatok	스비아똑
국수 (면)	rezance	레잔쩨
국제적인	medzinárodný	메드지나로드니
군인	vojak	보약
궁전(왕궁, 성)	hrad	흐라쁘
귀	ucho	우호
귀걸이	náušnica	나우슈뉘짜
그	on	온
그곳에, 그곳으로	tam	땀

그녀	ona	오나
그리고(그러나)	a (ale)	아 (알레)
그러한	taký	따끼
그림 엽서	pohľadnica	뽀흘랴드늬짜
그림	obraz	오브라쓰
극장	divadlo	뒤바들로
근시	krátkozraký	끄랏뜨꼬즈락끼
근처에	nablízku	나블리스꾸
금	zlato	즐라또
금지시키다	zakázať<zakazovať	자까잣<자까조밧
기간	termín	떼르민
기관지염	zápal priedušiek	자빨 쁘리에두쉬엑
기념	pamiatka	빠미아뜨까
기념품	pamiatkový predmet	
		빠미아뜨꼬비 쁘레드멧
기다리다	počkať<čakať	뽀츄깟<챠깟
기독교인	evanjelik (m), evanjelička (f)	
		에반옐릭 (남), 에반옐리츄까 (여)
기름	olej	올레이
기쁘다	rád (m), rada (f), rado (n)	
		라뜨 (남), 라다 (여), 라도 (중성)
기사 (운전)	vodič, šofér	보뒤츄, 쇼페르
기어 (자동차전달장치)	prevod	쁘레보뜨
기억	pamäť	빠몓뜨

기차	vlak	블락
긴	dlhý	들히
길	cesta	쩨스따
길을 잃다	zablúdiť	자블루딧
깊은	hlboký	흘보끼
까다로운	náročný	나로츄니
깨끗한	čistý	취스띠
깨뜨리다	rozbiť<rozbíjať	로즈빗<로즈비얏
깨우다	vzbudiť<vzbudzovať	브즈부딧<브즈부드조밧
꼬냑	koňak	꼬냑
꼭	určite	우르취떼
꽃	kvetina	끄베뛰나
꿀	med	메뜨
껌	žuvačka	쥬바츄까
끝나다	skončiť<končiť	스꼰췻<꼰췻

ㄴ

나	ja	야
나무	strom	스뜨롬
나쁜	zlý	즐리
나의	môj (m), moja (f), moje (n)	
	무오이 (남), 모야 (여), 모예 (중)	
나중에	potom	뽀똠
낚시미끼	návnada	나브나다

낚시하다	chytať ryby	히땃 리비
낚싯대	rybársky prút	리바르스끼 쁘룻
난시	astigmatizmus	아스띠그마띠즈무쓰
날 (日)	deň	뗀
날다	letieť	레뛰엣
날씨	počasie	뽀촤씨에
남(쪽)	juh	유흐
남기다	nechať<nechávať	녜핫<녜하밧
남다	zostať<zostávať	조스땃<조스따밧
남성복	pánske obleky	빤스께 오블렉끼
남자	muž	무슈
남자의	mužský	무슈스끼
남편	manžel	만젤
낮	deň	뗀
내과의사	internista	인떼르니스따
내리다 (물건을 아래로)	dať dolu<dávať dolu	닷 돌루<다밧 돌루
내리다 (차에서)	vystúpiť<vystupovať	비스뚜삣<비스뚜뽀밧
내일	zajtra	자이뜨라
냄새 (악취)	zápach, smrad	자빠흐, 스므라뜨
너	ty	띠
너무 굽다	príliš prepiecť	쁘릴리슈 쁘레삐에쯔뛰
너무나	príliš	쁘릴리슈

넘어지다	zakopnúť<zakopávať	자꼬쁘눗<자꼬빠밧
네 (예)	áno	아노
넥타이 핀	spona do kravaty	스뽀나 도 끄라바띠
넥타이	viazanka, kravata	비아장까, 끄라밧따
노래	pieseň	삐에쎈느
노이로제	neuróza	네우로자
녹내장	glaukóm, zelený očný zákal	
	글라우꼼, 젤레니 오츄니 자깔	
녹색(의)	zelený	젤레니
놀다	hrať	흐랏
농구	košíková	꼬쉭꼬바
농촌 (시골)	vidiek	비뒤엑
높은	vysoký	비쏘끼
누구	kto	끄또
누구의	čí, čia, čie	취(남), 취아(여), 취에(중)
누나	sestra	쎄슷뜨라
눈 (雪)	sneh	스네흐
눈 (眼)	oko	오꼬
느끼다	cítiť	찌띳
느린	pomalý	뽀말리
늑대	vlk	블끄
늘 (항상)	vždy	브쥬디
늦다	opozdiť sa<opožďovat sa	
	오뽀즈딧 싸<오뽀쥬됴밧 싸	

ㄷ

다가가다	blížiť sa	블리줯 싸
다른	iný	이니
다리 (발)	noha	노하
다리 (교량)	most	모스뜨
다만	len	렌
다시	zase, opäť	자쎄, 오뼷
다양한	rôzny	루오즈니
다음(의)	budúci	부두찌
다이빙	potápanie	뽀따빠뉘에
다이얼을 돌리다	vytočiť číslo	비또췻 취슬로
단 (달다)	sladký	슬라뜨끼
단어	slovo	슬로보
단체 (그룹)	skupina	스꾸삐나
닫다	zatvoriť<zatvárať	자뜨보릿<자뜨바랏
달	mesiac	메씨아쯔
달걀	vajce	바이쩨
달걀 프라이	volské oko	볼스께 오꼬
달러	dolar	돌라르
달리다	bežať	베좟
닭고기	kura	꾸라
담배	cigareta	찌가렛따
담배 가게	trafika	뜨라피까
담배피다	fajčiť	파이췻

당구	gulečník	굴레츄닉
당구장	gulečníková herňa	굴레츄닉꼬바 헤르냐
당뇨	cukrovka	쭈끄로우까
당신	vy	비
당신의	váš (m), vaša (f), vaše (n)	바슈 (남), 바샤 (여), 바쒜 (중)
대리점	značková predajňa, agentura	즈나츄꼬바 쁘레다이냐, 아겐뚜라
대변	stolica	스똘리짜
대사관	veľvyslanectvo	벨비슬라네쯔뜨보
대접하다	pohostiť	뽀호스띳
더 많이	viac, viacej	비아쯔, 비아쩨이
더 작은	menší	멘쉬
더 적은	menej	메네이
더 좋은	lepší	렙쉬
더 큰	väčší	벳츄쉬
데리고가다	odviesť<odvádzať	오드비에슷뜨<오드바드잣
도너츠	pampúch	빰뿌흐
도둑	zlodej	즐로데이
도로 (道路)	vozovka	보조우까
도시	mesto	메스또
도심, 중심가	centrum	쩬뜨룸
도와주다	pomôcť<pomáhať	뽀무오쯔뜨<뽀마핫
도움	pomoc	뽀모쯔

도자기	porcelán	뽀르쩰란
도착	príjazd	쁘리야스뜨
도착하다	prísť<prichádzať	쁘리슷뜨<쁘리하드잣
독감	chrípka	흐립쁘까
돈	peniaze	뻬뉘아제
돌	kameň	까멘느
돌아오다	vrátiť sa<vracať sa	브라띳 싸<브라짯 싸
동(쪽)	východ	비호뜨
동물	zviera	즈비에라
동의	súhlas	쑤흘라스
돼지고기	bravčové mäso	브라우쵸베 메쏘
되돌려주다	vrátit<vracať	브라띳<브라짯
두통	bolesť hlavy	볼레슷뜨 흘라비
뒤에	vzadu	브자두
듣다	počuť(počujem~počujú)	뽀춧(뽀츄옘~뽀츄유)
들르다	zastaviť sa<zastavovať sa 자스따빗 싸<자스따보밧 싸	
들어가다	vstúpiť<vstupovať	프스뚜뻿<프스뚜뽀밧
들판	pole	뽈레
등록	registrácia	레기슷뜨라찌아
등록하다	zapísať sa<zapisovať sa	자삐쌋 싸<자삐쏘밧 싸
등산	horolezectvo	호롤레제쯔뜨보
디스코텍	diskotéka	디스꼬떽까
디저트	dezert	데제르뜨

따로따로	každý zvlášť	까쥬디 즈블라슈뛰
따뜻한	teplý	떼쁠리
딸	dcéra	드쩨라
딸기	jahoda	야호다
딸꾹질	čkavka	츄까우까
땀	pot	뽓
떠나다	odísť<odchádzať	오디슷뜨<오뜨하드잣
또는	alebo	알레보
똑바로	rovno	로브노
뚱뚱한	tučný	뚜츄니
뜨거운	horúci (m), horúca (f), horúce (n)	
	호루찌 (남), 호루짜 (여), 호루쩨 (중)	
뜨거운 물	horúca voda	호루짜 보다

ㄹ

라디오	rádio	라디오
라면	instantné rezance	인스딴뜨네 레잔쩨
라켓	raketa	라께따
레몬	citrón	찌뜨론
레몬차	citrónový čaj	찌뜨로노비 챠이
류머티즘	revmatizmus	레브마띠즈무쓰
리터	liter	리떼르
립스틱	rúž	루쥬

ㅁ

마른	chudý	후디
마시다	piť (pijem ~ pijú)	삣 (삐엠 ~ 삐유)
마음	srdce	쓰릇쩨
마음대로	ak chceš	악 흐쩨슈
마음에 들다	páčiť sa	빠췻 싸
마지막	posledný	뽀슬레드니
마침	práve	쁘라베
만나다	stretnúť sa<stretávať sa	스뜨레뜨눗 싸<스뜨레따밧 싸
만남	stretnutie	스뜨레뜨누뛰에
만년필	plniace pero	쁠뉘아쩨 뻬로
만들다 (하다)	urobiť<robiť	우로빗<로빗
만족	spokojnosť	스뽀꼬이노슷뛰
만족하는	spokojný	스뽀꼬이니
많이	mnoho, hodne, veľa	므노호, 호드네, 벨랴
말(言)	reč	레츄
말하다	hovoriť	호보릿
맛	chuť	후뛰
망가뜨리다	zničiť<zničovať	즈뉘췻<즈뉘쵸밧
매우	veľmi	벨미
맥박	tep	뗍
맥주	pivo	삐보
맥주집	pohostinstvo	뽀호스띤스뜨보
머리	hlava	흘라바

머리카락	vlasy	블라씨
먹다	jesť	예슷뜨
멀다	ďaleko	달레꼬
멈추다	zastaviť<zastavovať	자스따빗<자스따보밧
며칠	nekoľko dní	네꼴꼬 드뉘
면(綿)	bavlna	바블나
면도기	holiaci strojček	홀리아찌 스뜨로이쳌
면도용 크림	krém na holenie	끄렘 나 홀레뉘에
면도하다	holiť sa	홀릿 사
면세의	bezcolný	베스쫄니
명단	zoznam	조즈남
명승 고적	historické pamiaky	히스또리쯔께 빠미아뜨끼
모(毛)	vlna	블나
모두	všetko	프쉐뜨꼬
모래	piesok	삐에쏙
모레	pozajtra	뽀자이뜨라
모자 (챙이 있는)	klobúk	끌로북
모퉁이	roh	로흐
목	krk	끄륵
목걸이	náhrdelník	나흐르델뉙
몫	porcia	뽀르찌아
무겁다	ťažký	따슈끼
무게	váha	바하
무사히	bezpečne	베스뻬츄네

무슨 목적으로	za akým účelom	자 아낌 우첼롬
무심코	nevedome	네베도메
무엇	čo	쵸
무용 (춤)	tanec	따녜쯔
무용수	tanečník (m), tanečnica (f)	
		따녜츄닠 (남), 따녜츄뉘짜 (여)
묵다	ubytovať sa	우비또밧 싸
문	dvere	드베레
문화	kultúra	꿀뚜라
문화의	kultúrny	꿀뚜르니
물	voda	보다
물건	vec, tovar	베쯔, 또바르
미리	napred	나쁘레뜨
미움	nenávisť	네나비스뜨
미모의	krásna	끄라쓰나
미혼의	slobodný (m), slobodná (f)	
		슬로보드니 (남), 슬로보드나 (여)
밀가루	múka	무까
밑에	dole	돌레
밑으로	dolu	돌루

ㅂ

| 바꾸다 | vymeniť<vymeňovať | 비메닛<비메뇨밧 |
| 바나나 | banán | 바난 |

바라다, 기원하다	priať, želať	쁘리앗, 쥏랏
바라보다	pozrieť sa<pozerať sa	뽀즈리엣 싸<뽀제랏 싸
바람(소원)	prianie, želanie	쁘리아뉘에, 쥏라뉘에
바보	hlupák, idiot	흘루빡, 이디옷
바위	skala	스깔라
바쁜	zaneprázdnený	자녜쁘라느드녜니
바퀴	kolo	꼴로
바퀴벌레	šváb	슈밥
밖에	vonku	봉꾸
밖으로	von	본
반복하다	zopakovať<opakovať	조빠꼬밧<오빠꼬밧
반지	prsteň	쁘르스뗴느
반창고	náplasť	나쁠라스뛰
반환하다	vrátiť<vracať	브라띳<브라짯
받다	dostať<dostávať	도스땃<도스따밧
발	noha	노하
발레	balet	발렛
발송인	odosielateľ	오도씨엘라뗄
밝은	svetlý	스베뜰리
밤	gaštan	가슈딴
밤(夜)	noc	노쯔
방	izba	이즈바
방전된	vybitý	비비띠
방학	prázdniny	쁘라즈드늬니

방해하다	vyrušiť<vyrušovať	비루쉿<비루쇼밧
방향	smer	스메르
방향을 바꾸다	zmeniť smer	즈메닛 스메르
배(腹)	brucho	브루호
배(船)	loď	로뒤
배고프다 (나는)	Som hladný/-á	쏨 흘라드니(남)/쏨 흘라드나(여)
배낭	batoh	바또흐
배달하다	doniesť<donášať	도뉘에슷뜨<도나샷
배우	herec (m), herečka (f)	헤레쯔 (남), 헤레츄까 (여)
배추	čínska kapusta	췬스까 까뿌스따
배터리	batéria	바떼리아
백내장	katarakt, šedý očný zákal	까따락드, 쉐디 오츄니 자갈
백화점	obchodný dom	옵호드니 돔
버섯	huba	후바
버스	autobus	아우또부쓰
버터	máslo	마슬로
버튼(단추)	gombík	곰빅
번역	preklad	쁘레끌라드
번호	číslo	취슬로
벨트(안전)	bezpečnostné pásy	베스베츄노슷뜨네 빠씨
벨트(허리)	opasok	오빠쏙
변비	zápcha	자프하
별	hviezda	흐비에즈다

별장	chalupa, chata	할루빠, 하따
병	fľaša	플랴샤
병(病)	nemoc	네모쯔
병원	nemocnica	네모쯔뉘짜
보관하다	uschovať<uschovávať	우스호밧<우스호바밧
보내다(전송)	poslať<posielať	뽀슬랏<뽀씨엘랏
보다	vidieť	비뒤엣
보석	drahokam	드라호깜
보여주다	ukázať<ukazovať	우까잣<우까조밧
보증	záruka	자루까
보증서	záručný list	자루츄니 리슷뜨
보통의	obyčajný	오비촤이니
보험	poistenie	뽀이스떼뉘에
복용하다 (약을)	brať lieky	브랏 리엑끼
볼펜	propisovacia ceruzka	쁘레삐쏘바찌아 쩨루스까
봉사료	prepitné	쁘레삐뜨네
봉지	taška	따슈까
봉투	obálka	오발까
부르다	zavolať<volať	자볼랏<볼랏
부모	rodičia	로뒤춰아
부분	časť	촤슷뜨
부츠	kozačky	꼬자츄끼
부품	náhradné diely	나흐라드네 뒤엘리
북(쪽)	sever	쎄베르

분(分)	minúta	미누따
불가능하다	To neide	또 네이데
불면증	nespavosť	네스빠보슷뜨
불쾌한	nepríjemný	네쁘리옘니
붉은	červený	췌르베니
붕대	obväz	옵베쓰
브레이크 오일	brzdové kvapaliny	브르즈도베 끄바빨리니
브레이크	brzda	브르즈다
브로치	brošňa	브로슈냐
비누	mydlo	미들로
비스킷	sušienka	쑤쉬엥까
비싼	drahý	드라히
비자	vízum	비줌
비타민	vitamín	비따민
비프 스테이크	biftek	비프떽
비행기	lietadlo	리에따들로
빠른	rýchly	리흘리
빨리	rýchle	리흘레
빵 가게	pekárstvo	뻬까르스뜨보
빵	chlieb	흘리엡
뼈	kosť	꼬슷뛰

ㅅ

| 사고 | nehoda | 네호다 |

사과	jablko	야블꼬
사과(謝過)	ospravedlnenie	오스쁘라베들네뉘에
사과하다	ospravedlniť sa<ospravedlňovať sa	
		오스쁘라베들닛 싸<오스쁘라베들뇨밧 싸
사기꾼	podvodník	뽀드보드뉙
사냥	lov	로프
사냥하다	loviť	로빗
사다	kúpiť<kupovať	꾸뼷<꾸뽀밧
사라지다	zmiznúť	즈미즈눗
사람	človek	츌로벡
사랑	láska	라스까
사랑니	zub múdrosti	사랑니
사랑하다	ľúbiť	류빗
사무실	kancelária	깐쩰라리아
사업	podnikanie	뽀드뉘까뉘에
사업가	podnikateľ	뽀드뉘까뗼
사용하다	použiť<používať	뽀우쥣<뽀우쥐밧
사전	slovník	슬로브뉙
사진	fotografia	포또그라피아
사진찍다	vyfotiť	비포띳
사진기 (디지털)	(digitálny) fotoaparát	(디기딸니) 포또아빠랏
사파이어	safír	싸피르
산(山)	hora	호라
살다	žiť(žijem~žijú)	쥣(쥐옘~쥐유)

상부의	horný	호르니
상자	krabica	끄라비짜
상점	obchod	옵호뜨
상처	jazva, rana	야즈바, 라나
상품	tovar	또바르
새	vták	프딱
새로운	nový	노비
새해	nový rok	노비 록
색깔	farva	파르바
색맹	farvoslepý	파르보슬레삐
샌드위치	sendvič	쎈드비츄
샐러드	šalát	샬랏
생각하다	mysliet	미슬리엣
생리대	vložka	블로슈까
생산	výroba	비로바
생선	ryba	리바
생일	narodeniny	나로데뉘니
생활	život	쥐봇
샴페인	šampanské	샴빤스께
샴푸	šampón	샴뽄
서(쪽)	západ	자빠뜨
서비스	servis, služba	쎄르비쓰, 슬루쥬바
서식용지	formulár	포르물라르
서있다	stáť (stojím ~ stoja)	스땃 (스또임 ~ 스또야)

기본 단어

서점	kníhkupectvo	끄뉘흐꾸뻬쯔뜨보
선글라스	slnečné okuliare	슬네츄네 오꿀리아레
선물	darček	다르첵
선탠크림	opaľovací krém	오빨료바찌 끄렘
설사	hnačka	흐나츄까
설사약	liek na hnačku	리엑 나 흐나츄꾸
설탕	cukor	쭈꼬르
성(姓)	priezvisko	쁘리에즈비스꼬
성공	úspech	우스뻬흐
세계 (세상)	svet	스벳
세관	colný úrad	쫄니 우라쁘
세금	taxa	딱싸
세우다	postaviť	뽀스따빗
세탁소	čistiareň	취스뛰아렌느
소개하다	predstaviť<predstavovať	
	쁘레스따빗<쁘레스따보밧	
소금	soľ	쏠
소변	moč	모츄
소시지	párok	빠록
소포	balík, zásielka	발릭, 자씨엘까
속도	rychlosť	리흘로스뛰
손	ruka	루까
손가락	prst	쁘르슷뜨
손님	host	호스뜨

손목시계	hodinky	호딩끼
손수건	vreckovka	브레쯔꼬우까
송아지 고기	teľacie mäso	뗄랴찌에 메쏘
쇠고기	hovädzie maso	호베드지에 메쏘
쇼핑 센터	nákupné centrum	나꿉쁘네 쩬뜨룸
쇼핑하다	nakúpiť<nakupovať	나꾸뼷<나꾸뽀밧
수공(手工)의	ručný	루츄니
수리	oprava	오쁘라바
수리(수선)하다	opraviť<opravovať	오쁘라빗<오쁘라보밧
수면제	prášok na spanie	쁘라쏙 나 스빠뉘에
수박	melón	멜론
수신자	adresát	아드레쌋
수염	fúzy	푸지
수영	plávanie	쁠라바뉘에
수영복	plavky	쁠라우끼
수영하다	plávať (plávam ~ plávajú)	쁠라밧 (쁠라밤 ~ 쁠라바유)
수첩	diár	디아르
수트케이스	kufor	꾸포르
수표	šek	쉑
숟가락	lyžica	리쥐짜
숨쉬다	dychať sa	디핫 싸
쉬다	odpočinúť si<odpočívať	오뜨뽀취눗 씨<오뜨뽀취밧
쉬운	ľahký	랴흐끼
스위치	vypínač	비삐나츄

스커트	sukňa	쑤끄냐
스케이트	korčule	꼬르츌레
스케이트 타다	korčuľovať	꼬르츌료밧
스키	lyže	리줴
스키 타다	lyžovať	리죠밧
스포츠	šport	슈뽀르뜨
슬로바키아	Slovensko	슬로벤스꼬
슬로바키아인	Slovák (m), Slovenka (f)	
		슬로박 (남), 슬로벵까 (여)
슬로바키아어	slovenčina	슬로벤취나
슬로바키아어로	po slovensky	뽀 슬로벤스끼
슬로바키아의	slovenský	슬로벤스끼
습진	ekzém, vyrážka	엑젬, 비라슈까
승마	jazda na koni	야즈다 나 꼬뉘
승무원 (항공)	stevard (m), letuška (f)	
		스떼바르드 (남), 레뚜슈까 (여)
시(時)	hodina	호뒤나
시간	čas	촤쓰
시간표 (기차, 버스)	časový rozvrh	촤쏘비 로즈브르흐
시계	hodiny	호뒤니
시내 지도	mapka mesta	맙까 메스따
시작	začiatok	자취아똑
시작하다	začať<začínať	자챗<자취낫
시장	trh, tržisko	뜨르흐, 뜨르쥐스꼬

식당	reštaurácia	레슈따우라찌아
식료품	potraviny	뽀뜨라비니
식료품점	obchod s potravinami	옵호뜨 스 보뜨라비나미
식욕	chuť k jedlu	훗뛰 끄 예들루
식중독	otrava jedlom	오뜨라바 예들롬
식탁	jedálny stôl	예달니 스뚜올
신 (맛)	kyslý	끼슬리
신(발)	obuv	오부우
신고하다	prihlásiť sa<prihlašovať sa	
		쁘리흘라씻 싸<쁘리흘라쇼밧 싸
신문	noviny	노비니
신발	obuv	오부우
실수	chyba	히바
실수하다	zmýliť sa<mýliť sa	즈밀릿 싸<밀릿 싸
심각한	vážny	바쥬니
심장	srdce	쓰릇쩨
싼 (저렴한)	lacný	라쯔니
쌀	ryža	리좌
썰매	sane	싸녜
씻다	umyť<umývať	우밋<우미밧
쓰다 (글)	napísať<písať	나삐쌋<삐쌋
쓴 (맛)	horký	호르끼

ㅇ

아가씨	slečna	슬레츄나
아기	dojča	도이촤
아내	manželka	만젤까
아는 사람	známy	즈나미
아는 사이가 되다	zoznámiť sa<zoznamovať sa	
	조즈나밋 싸<조즈나모밧 싸	
아니다, 아니오	nie	뉘에
아들	syn	씬
아름다운	krásny	끄라쓰니
아마(도)	asi	아씨
아무것도 아니다	nič	뉘츄
아버지	otec	오떼쯔
아세톤 (매니큐어용)	odlakovač na nechty	
	오들락꼬바츄 나 네흐띠	
아스피린	aspirín	아스삐린
아이	dieťa	뒤에따
아이스크림	zmrzlina	즈므르즐리나
아주	veľmi, moc	벨미, 모쯔
아직	ešte	에슈떼
아침	ráno	라노
아침 식사	raňajky	라냐이끼
아침 식사하다	raňajkovať	라냐이꼬밧
아파트	byt	빗

아픈	chorý	호리
안경	okuliare	오꿀리아레
안경점	optika	옵띠까
안경테	okuliarové rámy	오꿀리아로베 라미
안과의사	očný lekár	오츄니 레까르
안녕하세요	Dobrý deň	도브리 뗀
안에	vnútri	브누뜨리
안으로	dovnútra	도브누뜨라
앉다	sadnúť si (sadnem si ~ sadnú si)	싸드눗 씨 (싸드넴 씨 ~ 싸드누 씨)
앉아있다	sedieť (sedím ~ sedia)	쎄뒤엣 (쎄뒴 ~ 쎄뒤아)
알다	vedieť, poznať	베뒤엣, 뽀즈낫
알레르기	alergia	알레르기아
알약	tabletka	따블렛뜨까
압력	tlak	뜰락
앞에	vpredu	프쁘레두
애인	priateľ (m), priateľka (f)	쁘리아뗼 (남), 쁘리아뗼까 (여)
야채	zelenina	젤레뉘나
야채의	zeleninový	젤레뉘노비
약	liek	리엑
양고기	baranina	바라뉘나
양말	ponožky	뽀노슈끼
양복	oblek	오블렉

얕다	plytký	쁠리뜨끼
어깨	plece	쁠레쩨
어느	ktorý	끄또리
어디(에서)	kde	그데
어디로	kam	깜
어떤	aký	아끼
어떻게	ako	아꼬
어려움	ťažkosť	땨슈꼬스뛰
어머니 (엄마)	mama	마마
어제	včera	프췌라
언제	kedy	께디
얼굴	tvár	뜨바르
얼룩	fľak	플략
얼마(나)	koľko	꼴꼬
얼마동안	ako dlho	아꼬 들호
얼음	ľad	랴뜨
에(서)	na, v	나, 브
에어컨	klimatizácia	끌리마띠자찌아
엔진	motor	모또르
여권	cestovný pas	쩨스또브니 빠쓰
여기(에)	tu	뚜
여기로 (이리로)	sem	셈
여기서부터	odtiaľto	오뜨뛰알또
여름	leto	레또

여름에	v lete	블 레떼
여분	zbytok	즈비똑
여사 (부인)	pani	빠뉘
여성복	dámské šaty	담스께 샤띠
여우	líška	리슈까
여자	žena	줴나
여자의	ženský	줴스끼
여행	cesta, cestovanie	쩨스따, 쩨스또바뉘에
여행 안내서	sprievodcovská kniha	스쁘리에보뜨쪼우스까 끄뉘하
여행 안내소	turistické informácie	뚜리스띠쯔께 인포르마찌에
여행하다	cestovať	쩨스또밧
역	nádražie	나드라줴에
역시 (또한)	aj, tiež	아이, 뛰에슈
연고	masť na rany	마슷뛰 나 라니
연극	činohra	취노흐라
연못	rybník	리브늵
연습	cvičenie	쯔비췌뉘에
연주하다	hrať (hrám ~ hrajú)	흐랏 (흐람 ~ 흐라유)
연착	meškanie	메슈까뉘에
연출가(감독)	režisér	레쥐쎄르
연필	ceruzka	쩨루스까
열(列)	rad	라뜨

열(熱)	horúčka	호루츄까
열다	otvoriť<otvárať	오뜨보릿<오뜨바랏
염려하다	mať starosti	맛 스따로스뛰
영수증	účet	우췟
영어	angličtina	앙글리츄뛰나
영어로	po anglicky	뽀 앙글리쯔끼
영화	film	필름
영화관	kino	끼노
예약	rezervácia	레제르바찌아
예약하다	rezervovať	레제르보밧
오늘	dnes	드네쓰
오다	prísť<prichádzať	쁘리슷뜨<쁘리하드잣
오락	hra, zábava	흐라, 자바바
오랫동안	dlho	들호
오렌지	pomaranč	뽀마란츄
오렌지주스	pomarančový džús	뽀마란쵸비 쥬쓰
오른쪽에	vpravo, napravo	프쁘라보, 나쁘라보
오른쪽으로	doprava	도쁘라바
오이	uhorka	우호르까
오케스트라	orchester	오르헤스떼르
오페라	opera	오뻬라
오한	zimnica	짐뉘짜
온천	kúpele	꾸뻴레
옷	odev	오데우

옷 보관소	šatňa	샤뜨냐
와이퍼 (자동차의)	stierač	스뛰에라츄
왕복 (여행)	spiatočná cesta	스삐아또츄나 쩨스따
왜	prečo	쁘레쵸
외과의사	chirurg	히루르그
외국인	cudzinec (m), cudzinka (f)	쭈드지녜쯔 (남), 쭈드징까 (여)
외투	kabát	까밧
왼쪽에	vľavo	블랴보
왼쪽으로	doľava	돌랴바
욕실	kúpeľňa	꾸뻴냐
용서	odpustenie	오뜨뿌슈떼뉘에
용서하다	ospravedlniť<ospravedlňovať	오스쁘라베들닛<오스쁘라베들뇨밧
우리의	náš (m), naša (f), naše (n)	나슈 (남), 나샤 (여), 나쉐 (중)
우유	mlieko	믈리에꼬
우체국	pošta	뽀슈따
우체통	poštová schránka	뽀슈또바 스흐랑까
우표	poštová známka	뽀슈또바 즈남까
운동	šport	슈뽀르뜨
운동장	ihrisko	이흐리스꼬
운반해가다	odniesť<odnášať	오드뉘에슷뜨<오드나샷
움직이다	hýbať sa	히밧 싸

원시안	ďalekozraký	댤레꼬즈락끼
원피스	šaty	샤띠
원하다	chcieť (chcem ~ chcú)	흐찌엣 (흐쩸 ~ 흐쭈)
월급	plat	쁠랏
웨이터	čašník	촤슈늭
위(장)	žalúdok	좔루독
위스키	whisky	비스끼
위에	hore	호레
위(쪽으)로	hore, nahor	호레, 나호르
위험한	nebezpečný	네베스뻬츄니
유감이다 (나는)	Je mi to ľúto	예 미 또 류또
유람선	vyhliadková loď	비흘리아뜨꼬바 로뛰
유로화	euro	에우로
유리	sklo	스끌로
유쾌한	veselý	베쎌리
유효한	platný	쁠라뜨니
은	striebro	스뜨리에브로
은행	banka	방까
음료수	nápoj	나뽀이
음식	jedlo	예들로
음악	hudba	후드바
의견	názor	나조르
의미하다	znamenať	즈나메낫
의사	lekár	레까르

의자 (팔걸이가 있는)	kreslo	끄레슬로
의치	umelé zuby	우멜레 주비
이것(그것)	to, tento, táto, toto	또, 뗀또, 따또, 또또
이륙	vzlet	브즐렛
이름	meno	메노
이미	už	우슈
이어폰	sluchátko	슬루핫뜨꼬
이해하다	rozumieť (rozumiem ~ rozumejú)	로주미엣 (로주미엠 ~ 로주메유)
이혼하다	rozviesť sa	로즈비에슷뜨 싸
인공의	umelý	우멜리
인라인 스케이트	inline korčule	인라인 꼬르츌레
인사	pozdrav	뽀즈드라우
인터넷 게시판	internetová nástenka	인떼르넷또바 나스뗑까
인터넷 카페	internetová kaviareň	인떼르넷또바 까비아렌느
일(근무)	práca	쁘라짜
일어나다	vstáť<vstávať	프슷땃<프슷따밧
일찍	skoro	스꼬로
일하다	pracovať (prcujem ~ pracujú)	쁘라쪼밧 (쁘라쭈엠 ~ 쁘라쭈유)
읽다	prečítať<čítať	쁘레취땃<취땃
잃다	stratiť<strácať	스뜨라띗<스뜨라짯

임대	prenájom	쁘레나욤
입	ústa	우스따
입구	vchod	프호뜨
입다 (옷을)	obliecť sa<obliekať sa	
	오블리에쯔뜨 싸<오블리에깟 싸	
입어(신어) 보다	vyskúšať si	비스꾸샷 씨
잇몸	ďasno	댜쓰노
있다	byť (som ~ sú)	빗 (쏨 ~ 쑤)
잉어	kapor	까뽀르
잊다	zabudnúť<zabúdať	자부드눗<자부닷

ㅈ

이전에	skôr	스꾸오르
자갈	štrk	슈뜨르끄
자기(의)	svoj (m), svoja (f), svoje (n)	
	스보이 (남), 스보야 (여), 스보예 (중)	
자녀	dieťa	뒤에땨
자동차	auto	아우또
자리	miesto	미에스또
자막	titulky	띠뚤끼
자매	sestra	쎄스뜨라
자유로운	slobodný	슬로보드니
자전거	bicykel	비찌겔
자전거 타고 다니다	jazdiť na bicykli	야즈뒷 나 비찌글리

자주	často	촤스또
작곡가	skladateľ	스끌라다뗄
작동하다	fungovať	풍고밧
작은	malý	말리
작품	dielo	뒤엘로
잔	pohár	뽀하르
잔돈	drobné	드로브네
잘못	vina	비나
잠	spanie	스빠뉘에
잠시	chvíľa	흐빌랴
잡다 (손으로)	držať	드르좟
잡지	časopis	촤쏘삐쓰
장난감	hračka	흐라츄까
재료	materiál	마떼리알
재회	znovustretnutie	즈노부스뜨레뜨누뛰에
잼	džem	쥄
저기	tam	땀
저녁	večer	베췌르
저녁 먹다	večerať (večerám ~ večerajú)	
	베췌랏 (베췌람 ~ 베췌라유)	
저녁 식사	večera	베췌라
전구	žiarovka	쥐아로우까
전달하다	predať<predávať	쁘레닷<쁘레다밧
전시회	výstava	비스따바

전자제품	eletronika	엘렉뜨로니까
전차	električka	엘렉뜨리츄까
전채요리	predjedlo	쁘레드예들로
전화	telefón	뗼레폰
전화번호	telefónne číslo	뗼레포네 취슬로
전화하다	zatelefonovať<telefonovať	자뗼레포노밧<뗼레포노밧
절도	krádež	끄라데슈
점검하다	skontrolovať<kontrolovať	스꼰뜨롤로밧<꼰뜨롤로밧
점심 식사	obed	오베뜨
점심 식사하다	obedovať (obedujem ~ obedujú)	오베도밧 (오베두옘 ~ 오베두유)
접시	tanier	따니에르
정류장	zastávka	자스따우까
정상적인	normálny	노르말니
제시하다	ukázať<ukazovať	우까잣<우까조밧
제품	tovar	또바르
조금	málo, trocha	말로, 뜨로하
조심하세요.	Dajte si pozor	다이뗴 씨 뽀조르
존재하다	existovať (existujem ~ existujú)	엑지스또밧 (엑지스뚜옘 ~ 엑지스뚜유)
종류	druh	드루흐
종이	papier	빠삐에르

좋아하다	mať rád(rada)	맛 라뜨 (라다)
좋게	dobre	도브레
좋은	dobrý	도브리
주(周)	týždeň	띠쥬뎬
주다	dať<dávať	닷<다밧
주머니	vrecko	브레쯔꼬
주문하다	objednať<objednávať	
		옵예드낫<옵예드나밧
주소	adresa	아드레싸
주유소	benzínová pumpa, benzínová stanica	
		벤지노바 뿜빠, 벤지노바 스따뉘짜
주의 (조심)	pozor	뽀조르
주차장	parkovisko	빠르꼬비스꼬
주차하다	zaparkovať<parkovať	
		자빠르꼬밧<빠르꼬밧
준비하다	pripraviť<pripravovať	
		쁘리쁘라빗<쁘리쁘라보밧
중간	stred	스뜨레뜨
중심지	centrum	쩬뜨룸
중요한	dôležitý	두올레쥐띠
즐거운	veselý	베쎌리
지각	oneskorenie	오녜스꼬레뉘에
지갑	peňaženka	뻬냐쳉까
지금	teraz	떼라쓰

지도	mapa	마빠
지루한	nudný	누드니
지불하다	zaplatiť<platiť	자쁠라띳<쁠라띳
지사(支社)	pobočka	뽀보츄까
지하철	metro	메뜨로
지하철역	stanica metra	스따뉘짜 메뜨라
지휘자 (음악)	dirigent	디리겐뜨
직업	povolanie	뽀볼라뉘에
진실	pravda	쁘라브다
진열장	výkladná skriňa	비끌라드나 스끄리냐
진정제	sedatívum	쎄다띠붐
진주	perla	뻬를라
진짜의	originálny, pravý	오리기날니, 쁘라비
진찰 (검진)	lekárska prehliadka	
		레까르스까 쁘레흘리아뜨까
질긴	húževnatý	후줴브나띠
질서	poriadok	뽀리아독
짐	batožina	바또쥐나
집	dom	돔
집에서	doma	도마
집으로	domov	도모우
짠 (맛)	slaný	슬라니

ㅊ

차	čaj	챠이
차림표	jedálny lístok	예달니 리스똑
차표	cestovný lístok	쩨쓰또브니 리스똑
착륙	pristátie	쁘리스따뛰에
찰과상	škrabnutie	슈끄라브누뛰에
창(문)	okno	오끄노
창구	okienko	오끼엥꼬
찾다	hľadať	흘랴닷
채소	zelenina	젤레뉘나
책	kniha	끄뉘하
처럼	ako	아꼬
처방전	lekársky predpis	레까르스끼 쁘레뜨삐쓰
처음으로	po prvýkrát, po prvý raz	
	뽀 쁘르비끄랏, 뽀 쁘르비 라쓰	
천만에요	nie je za čo, nestojí to za reč	
	뉘에 예 자 쵸, 네스또이 또 자 레츄	
천식	astma	아슷뜨마
천천히	pomaly	뽀말리
철자	pravopis	쁘라보삐쓰
첫번째	prvý	쁘르비
청색의	modrý	모드리
청소하다	upratať<upratovať	우쁘라땃<우쁘라또밧
청어	sleď	슬레뛰

청하다	poprosiť<prosiť	뽀쁘로씻<쁘로씻
체결하다 (계약서를)	uzavrieť<uzavierať	
		우자브리엣<우자비에랏
체류하다	zostať<zostávať	조스땃<조스따밧
초과 중량	nadváha	나드바하
초대	pozvanie	뽀즈바뉘에
초대하다	pozvať<pozývať	뽀즈밧<뽀지밧
초콜릿	čokoláda	쵸콜라다
총액	celková suma	쩰꼬바 쑤마
최고의	najlepší	나일렙쉬
추천하다	odporúčiť<odporúčať	오뜨뽀루췻<오뜨뽀루챳
축구	futbal	풋뜨발
축하하다	gratulovať (gratulujem ~ gratulujú)	
		그라뚤로밧 (그라뚤루엠 ~ 그라뚤루유)
출구	východ	비호뜨
출발하다	odísť<odchádzať	오디슷뜨<오뜨하드잣
출혈하다	krvácať	끄르바짯
춤	tanec	따네쯔
춤추다	tancovať (tancujem ~ tancujú)	딴쪼밧
충분히	dosť	도슷뜨
충전된	nabitý	나비띠
충치	zubný kaz	주브니 까쓰
층	poschodie	뽀쓰호뒈에
치과의사	zubný lekár	주브니 레까르

치아	zub	줍
치약	zubná pasta	주브나 빠스따
치즈	syr	씨르
친구	kamarát (m), kamarátka (f)	
		까마라뜨 (남), 까마라뜨까 (여)
침대	posteľ	뽀스뗄
칫솔	zubná kefka	주브나 께프까

ㅋ

카탈로그	katalóg	까딸로그
칼	nôž	누오슈
캄캄한	tmavý	뜨마비
커튼	záclona	자쫄로나
커틀릿	rezeň	레젠느
커프스 버튼	manžetové gombíky	만줴또베 곰빅끼
커피	káva	까바
커피잔	šálka kávy	샬까 까비
커피크림	smotana do kávy	스모따나 도 까비
컬러의	farebný	파레브니
컴퓨터	počítač	뽀취따츄
컵	pohár	뽀하르
코	nos	노쓰
코미디	komédia	꼬메디아
코스 (과정)	kurz	꾸르쓰

코코아	kakao	까까오
콘서트	koncert	꼰쩨르뜨
콘택트렌즈	kontaktné šošovky	꼰딱뜨네 쇼쇼우끼
크리스마스	Vianoce	비아노쩨
크리스탈	krištáľ	끄리슈딸
큰	veľký	벨끼
클러치	spojka	스뽀이까
키 (신장)	výška	비슈까

ㅌ

타박상	modrina	모드리나
타이어	pneumatika	쁘네우마띠까
탁자	stôl	스뚜올
탈색하다	odfarbiť<odfarbovať	오뜨파르빗<오뜨파르보밧
탈의실	šatňa	샤뜨냐
탑승권	palubná vstupenka	빨루브나 프스뚜뻥까
태어나다	narodiť sa	나로딧 싸
택시	taxi, taxík	딱씨, 딱씩
탱크(기름)	nádrž	나드르슈
테니스	tenis	떼니쓰
텔레비전	televízia	뗄레비지아
토마토	paradajka	빠라다이까
토스트	hrianka	흐리앙까
토스트기	opekač hrianok	오뻬까츄 흐리아녹

| 토하다 | vracať (vraciam ~ vracajú) |
| | 브라짯 (브라찌암 ~ 브라짜유) |

통역	tlmočenie	뜰모췌뉘에
통역사	tlmočník (m), tlmočníčka (f)
	뜰모츄뉙 (남), 뜰모츄뉘츄까 (여)
통증	bolesť	볼레슷뛰

ㅍ

파도	vlna	블나
파출소	policajná stanica	뽈리짜이나 스따뉘짜
판매	predaj	쁘레다이
팔다	predať<predávať	쁘레닷<쁘레다밧
팔찌	náramok	나라목
펜벨트	klinový remeň	끌리노비 레멘느
편안한	pohodlný	뽀호들니
편안함	pohoda	뽀호다
편지	list	리스뜨
평일	pracovný deň	쁘라쪼브니 뎬
포기하다	vzdať sa<vzdávať sa	브즈닷 싸<브즈다밧 싸
포도	hrozno	흐로즈노
포도주	víno	비노
포크	vidlička	비들리츄까
포장하다	zabaliť<baliť	자발릿<발릿
표	lístok	리스똑

프로그램	program	쁘로그람
프린터	tlačiar	뜰라취아르
플래쉬	blesk	블레스끄
플랫폼	nástupište	나스뚜삐슈떼
피	krv	끄르우
피겨 스케이팅	krasokorčuľovanie	끄라쏘꼬르출료바뉘에
피곤한	unavený	우나베니
피부	pleť	쁠렛뚸
피부병	kožná choroba	꼬주나 호로바
필름	snímok	스뉘목
필요하다	potrebovať (potrebujem ~ potrebujú)	뽀뜨레보밧 (뽀뜨레부엠 ~ 뽀뜨레부유)
필요한	potrebný	뽀뜨레브니

ㅎ

하늘	obloha	오블로하
하다	urobiť<robiť	우로빗〈로빗
하수관 (세면대의)	odtoková rúra	오뜨똑꼬바 루라
하품하다	zívať	지밧
한 번	raz	라쓰
한국	Kórejská republika	꼬레이스까 레뿌블리까
한국인	Kórejčan (m), Kórejčanka (f)	꼬레이촨 (남), 꼬레이촹까 (여)
한국어	kórejčina	꼬레이취나

한국어로	po kórejsky	뽀 꼬레이스끼
~할 수 있다	môcť (môžem ~ môžu)	
		무오쯔뜨 (무오쳄 ~ 무오쥬)
할인	zľava	즐랴바
~할 줄 안다	vedieť (viem ~ vedia)	베뒈엣 (비엠 ~ 베뒈아)
함께	spolu	스뽈루
항생제	antibiotikum	안띠비오띠꿈
해 (年)	rok	록
해 (태양)	slnce	슬른쩨
~해야 한다	musieť (musím ~ musia)	무씨엣 (무씸 ~ 무씨아)
해변	pláž	쁠라슈
햄	šunka	슝까
행복	šťastie	슈땨스뛰에
행복한	šťastný	슈땨스뜨니
향수	parfum	빠르품
허리	pás	빠쓰
헤드라이트	predné svetlá	쁘레드네 스베뜰라
헤어린스	kondicionér	꼰디찌오네르
현기증	závrat	자브랏
현상하다 (사진)	vyvolávať snímky	비볼라밧 스늼끼
혈압	krvný tlak	끄르브니 뜰락
형제	brat	브랏
호박 (琥珀)	jantár	얀따르
호수	jazero	야제로

호텔	hotel	호뗄
화상	spálenina	스빨레뉘나
화장실	záchod, toaleta	자호뜨, 또알레따
확인하다	potvrdiť<potvrdzovať	뽀뜨브르딋<뽀뜨브르드조밧
환승	prestup	쁘레스뚭
환영하다	privítať<vítať	쁘리비땃<비땃
환율표	kurzovný lístok	꾸르조브니 리스똑
환자	pacient (m), pacientka (f)	빠찌엔뜨 (남), 빠찌엔뜨까 (여)
환전소	zmenáreň	즈메나렌느
회사	firma	피르마
회의	jednanie, rokovanie	예드나뉘에, 록꼬바뉘에
효과 있는	účinný	우취니
후두염	zápal hrdla	자빨 흐르들라
후추	korenie	꼬레뉘에
훌륭하게	výborne	비보르네
훔치다	ukradnúť<kradnúť	우끄라드눗<끄라드눗
휴가	dovolenka	도볼렝까
휴식	odpočinok	오뜨뽀취녹
흑백의	čiernobiely	취에르노비엘리
흡연자	fajčiar (m), fajčiarka (f)	파이취아르 (남), 파이취아르까 (여)
흥미 (관심)	záujem	자우옘

흥미가 있다	mať záujem	맛 자우엠
힘	sila	씰라
힘센	silný	씰니
희망	nádej	나뎨이
희망하다(바라다)	dúfať	두팟

김은해

한국외국어대학교 체코어과 졸업
체코 까렐대학교 (Univerzita Karlova) 체코어과 석사
체코 까렐대학교 (Univerzita Karlova) 일반언어학과 박사
연세대학교 대학원 노어노문과 강사
한국외국어대학교 체코어과 강사
삼성 인력개발원 체코어-슬로바키아어 어학능력 평가위원
삼성 해외 지역전문가 전략어 과정 슬로바키아어 강좌

Step by Step 슬로바키아어 여행회화

초판 1쇄 인쇄   2007년 7월 31일
초판 1쇄 발행   2007년 8월 10일

저 자   김은해
발행처   삼지사
발행인   이재명

출판등록   1983년 8월 11일 제 4-6호
주 소   서울특별시 중구 신당동 249-20 삼회빌딩 3층
전 화   (02)2234-4560, 0733 팩 스   (02)2232-3710
홈페이지 www.samjisa.com

정가 7,500원 (MP3용 CD포함)

ISBN   978-89-7358-402-4 18790

MP3파일은 자사 홈페이지에서 무료 다운로드 받을 수 있습니다.